新形势下高校财务
管理与审计监督

宋大龙　著

吉林人民出版社

图书在版编目(CIP)数据

新形势下高校财务管理与审计监督/宋大龙著 . --
长春：吉林人民出版社，2021.2
ISBN 978-7-206-17946-4

Ⅰ . ①新… Ⅱ . ①宋… Ⅲ . ①高等学校 – 财务管理 –
研究②高等学校 – 审计 – 研究 Ⅳ . ① G647.5 ② F239.66

中国版本图书馆 CIP 数据核字 (2021) 第 036398 号

新形势下高校财务管理与审计监督

XIN XINGSHI XIA GAOXIAO CAIWU GUANLI YU SHENJI JIANDU

著　　者：宋大龙

责任编辑：赵梁爽　　　　　　　　封面设计：金　莹

吉林人民出版社出版 发行（长春市人民大街 7548 号）　邮政编码：130022

印　　刷：定州启航印刷有限公司

开　　本：710mm×1000mm　　　1/16

印　　张：10　　　　　　　　　　字　　数：180 千字

标准书号：ISBN 978-7-206-17946-4

版　　次：2021 年 2 月第 1 版　　　印　　次：2021 年 2 月第 1 次印刷

定　　价：49.00 元

如发现印装质量问题，影响阅读，请与印刷厂联系调换。

前　言

现代科技的进步，特别是信息技术的迅猛发展，极大地推动了经济全球化的进程，科学技术的重要性日益凸显。高等学校担负着培养具有创新精神和实践能力的高级专门人才的重大任务，肩负着促进科学文化技术发展和社会建设的历史使命。因此，全世界都在大力发展高等教育，不同程度地扩大了高等教育的规模。然而，高等教育规模的扩大也带来了一系列难题，如资金短缺、校舍紧张、师生比不足、学生就业压力大，等等。如何利用有限的人力、物力来办现代化的高等教育事业，成为目前中国高校发展的一个难题。与此同时，高校的理财范围及对象发生了巨大的转变，资金规模日益扩大，资金来源渠道及运用也日趋多元化，高等学校经济活动的内容、形式越来越复杂。

高校财务管理中的一环，即审计监督工作为高校的发展发挥了重要作用。新形势下，快速发展中的高校对审计监督提出了许多新任务和新要求。为积极应对审计监督面临的新挑战和新考验，我们一方面应注意总结并坚持运用以往高校审计监督工作的成功经验；另一方面应认真查找并坚决克服过去存在的问题和不足，不断完善我国审计监督法律制度，更好地促进高校审计监督工作做到依法审计、客观公正审计、科学审计和高效审计。

本书共分八章，分别为高校财务管理概述、高校内部审计概述、新形势下高校财务管理创新研究、高校会计人员管理、高校财务战略管理、高校资产管理、高校审计监督实效性及高校审计监督控制系统。本书主要内容旨在让读者有一个对高校财务管理总体上的认识和把握，力争做到在浅显、平实的语言叙述中，让读者渐渐领会高校财务管理的知识框架，了解高校财务管理的基本研究领域，掌握高校财务管理的基本理论和方法，与时俱进，对现实社会问题理性观察与认识，并且在此基础上研究高校财务管理中的审计监督环节。

撰写本书，耗费不少精力，回首撰写时光，笔者不仅习得了更广阔的知识，还对新形势下中国高校财务管理的政策制度有了更深刻的认知。笔者感恩撰写这一段时间以来，大家对笔者的帮助和支持。在撰写本书的过程中，笔者参考了部分专家、学者的某些研究成果和著述内容，在此表示衷心的感谢。由于笔者水平有限，缺点在所难免，恳请广大读者、专家、学者批评指正。

宋大龙

2020 年 5 月 27 日

目　录

第一章　高校财务管理概述 ………………………………………………… 1

　　第一节　高校财务管理内容及特点 ………………………………… 1

　　第二节　高校财务管理模式 ………………………………………… 4

　　第三节　高校财务管理环境 ………………………………………… 10

　　第四节　高校财务管理目标 ………………………………………… 18

第二章　高校内部审计概述 ……………………………………………… 23

　　第一节　高校内部审计内涵及职能 ………………………………… 23

　　第二节　高校内部审计发展过程 …………………………………… 28

　　第三节　高校内部审计主要内容 …………………………………… 33

第三章　新形势下高校财务管理创新研究 …………………………… 39

　　第一节　国际高校财务管理创新 …………………………………… 39

　　第二节　合理引入现代企业财务管理模式 ………………………… 47

第四章　高校会计人员管理 ……………………………………………… 57

　　第一节　高校会计人员职业素质管理 ……………………………… 57

　　第二节　高校会计人员行为规范管理 ……………………………… 63

　　第三节　高校会计人员岗位控制 …………………………………… 67

　　第四节　高校会计人员职务犯罪诱因与预防 ……………………… 74

第五章　高校财务战略管理 ……………………………………………… 79

　　第一节　高校财务战略管理基本理论 ……………………………… 79

第二节　高校财务战略管理实施背景 ……………………………… 87

第三节　高校财务战略管理职能的意义 …………………………… 91

第四节　高校财务战略管理强化方案 ……………………………… 95

第六章　高校资产管理 …………………………………………………… 99

第一节　高校资产管理基本理论 …………………………………… 99

第二节　高校资产管理强化策略 …………………………………… 107

第七章　高校审计监督实效性 ………………………………………… 117

第一节　高校审计监督实施的重难点及必要性 ………………… 117

第二节　高校审计监督实效性强化方案 ………………………… 120

第八章　高校审计监督控制系统 ……………………………………… 125

第一节　授权审批审计监督 ……………………………………… 125

第二节　制度失灵与外部监督 …………………………………… 128

第三节　财务审计监督 …………………………………………… 134

第四节　采购和招标监督控制 …………………………………… 141

第五节　经济法律文书监督 ……………………………………… 144

参考文献 ………………………………………………………………… 149

第一章 高校财务管理概述

高校财务管理是高校内部管理的重要组成部分。财务管理质量的优劣，直接影响高校各项事业的筹划和发展。企业财务管理被定义为利用价值形式对企业再生产过程中的资金运动及由此而引起的财务关系进行的综合性管理。高等学校是一种非营利性的组织。在知识经济时代，随着市场机制的引入，高校财务管理对象也不再是简单的资金流量，而是在高校范围内有关资金的筹集、调拨、融通、组织、使用、结算、分配，以及资金使用效益管理工作的总称，就是要实现对各相关利益主体经济关系的调整和资源的配置，执行计划、组织、控制、协调直至评价职能等所采取的各种方法和活动。

为适应环境的变化，满足形势发展的要求，应在新形势下探讨高校财务管理，需要从内容与特点、模式、环境及目标四个维度对财务管理进行解析，旨在及时对高校财务职能进行必要的拓展和合理的定位，更好地为高校的发展和改革服务，为此后深度探究奠定基础。

第一节 高校财务管理内容及特点

一、高校财务管理内容

高校财务控制内容是在实现高校财务管理目标的过程中，对经济活动内容所实施的控制。高校财务管理内容包括对资金筹集、分配、使用的管理，涉及预算、实施、决策、控制、分析、监督管理等环节。财务控制思想贯穿在财务管理的整个过程中，管理过程中有控制的思想，控制过程中有管理的内容，财务管理与控制是不可分割的整体。

高校财务管理作为财务管理的一个分支，具有财务管理的共性，但也有其自身的特性。高校财务管理是高校组织本单位的财务活动，是处理各种财务关系的一项经济管理工作。高校财务活动是高校资金收支活动的总称，包括资金的筹措、使用、节余等。高校财务管理的内容就是对资金的筹集、使用、分配进行管理。高校财务管理活动与高校日常管理紧密联系。财务管理的好坏，直接体现了高校管理水平的高低。高校财务活动的内容主要包括以下几点：

（一）高校筹资活动

资金的筹集渠道主要有财政拨款、向主管部门申请各类专项资金、收取学费及筹措其他各种收入等。这项管理内容涉及资金收入预测和实施环节，即对筹集的资金项目和筹资总额进行预测，并对预测行为付诸实施，以取得实际的筹资收入。高校通过财政收入、学费收入、科研服务收入、金融机构借款等方式筹措资金，支持教学科研活动。同时，高校还要支付利息、偿还借款和各种费用。这种资金的收支就是高校的筹资活动。筹资活动是高校一项重要的财务活动，对高校的基本建设及后勤保障都具有十分重要的意义。

（二）高校投资活动

高校为了保证日常教学活动中建造固定资产、购买仪器设备的需要，就形成了对内投资。为了使闲置资金产生效益，学校购买股票、债券等，形成对外投资。这些活动产生的资金收支就是高校投资的财务活动。随着高校规模的发展扩大，高校的投资活动日益频繁，形式也更加多样化。

（三）高校日常活动引起的财务活动

高校在日常管理中需要向教职员工支付报酬，发生各种耗费，形成资金的支出，也为社会提供各种服务从而取得相应的收入。这些资金的收支就是高校在日常管理中形成的财务活动。日常的财务活动构成了高校财务管理活动的基础内容，是高校财务管理的一个重要方面。

二、高校财务管理特点

在新形势下，高校财务管理有其时代性，呈现出新的特点，即经济活动多样化、核算体系复杂化、筹资渠道多元化和管理趋向规范化。

（一）经济活动多样化

在新形势下，随着高校法人地位的确立，学校为了生存和发展，在开展教学的同时，加大了科研项目、技术开发、咨询服务、对外投资和生产经营等各项经济业务活动的力度，使得高校财务管理增添了新的内容。为了配合信息公开化的要求，满足各经济利益主体的需要，高校更加注重成本效益管理。这对财务管理的精细化提出了更高的要求。

（二）核算体系复杂化

高等学校财务内容包括事业单位财务、企业财务、商业财务等内容，由于高校资金来源渠道多元化、多层化，以及经济活动多样化，后两者占据财务内容的比例还将会逐步扩大。多元化资金来源使得高校办学成本越来越受到社会的关注。高校也会更加注重教、科、研活动中的成本效益管理，对会计核算提出更高的要求。高校财务管理的目标也从单一的以资金收付核算为中心的记账式微观管理，转向以微观管理为基础，重点解决资金筹措、调拨，以及提高资金使用效益等宏观经济管理的轨道上来，依据高校资源市场规则，树立经营学校的理念，为学校发展创造良好的经济环境。

（三）筹资渠道多元化

随着经济社会的发展和高校独立法人地位的确立，高等教育体制发生了转变，促进了高校经费来源渠道和投资主体的多元化和多层化格局的形成。高等院校除了积极争取国家、各级政府及主管部门的经费拨款与补助以外，还依靠拓展办学模式、开展科技协作、转让科技成果、吸纳社会捐赠、获取偿还性贷款等各种方式进行筹资。目前，我国已基本上形成了通常所说的"财、费、税、产、社、基、科、贷、息"九个高等教育经费来源渠道，形成了多元化、多层次的筹资格局。

（四）财务管理规范化

高校应在遵守国家财经法规、政策和制度的前提下，建立和健全适合学校具体情况的规章制度。科学编制预算，加强预算管理，把高校全部收支作为预算统一管理，整个学校一盘棋；财务支出普遍实行"一支笔"审批制度，集中校内各级各单位的财权及其责任；加强财务管理，维护财经纪律，严格、合理地执行经费预算，提高资金使用效益，确保高校发展计划的顺利进行；在网络信息环境下，计算机普遍应用，会计电算化普遍实行，这使财务数据的取得更加全面、快捷、简单、准确，使高校财务管理系统更加规范；各高校根据主管部门要求，按照统一格式填报各类报表，促使高校财务报告规范化；在校长负责制的基础上，健全校内各级经济责任制度，成立财经领导小组，对一些涉及学校发展的重大决策问题，通过财经领导小组人员集体决策；建立高校贷款风险预警机制，成立专门部门或安排专人负责贷款管理工作；确定财务处为全校财务管理的职能部门，配备具有相应会计专业技术职称的财会人员，加强财务队伍的建设和财会人员的职业道德修养，注重培训，等等。

第二节 高校财务管理模式

一、高校财务管理模式类型

对高校财务管理模式的分类，目前绝大多数学者沿用《高校财务管理制度》的说法，即高等学校实行"统一领导、集中管理"的财务管理体制，而规模较大的学校实行"统一领导、分级管理"的财务管理体制。也有学者提出了学校集中管理、分散管理、混合模式等管理模式。上述分类基本上反映了我国高校财务管理模式的基本特点，但与高校实际的运行模式不是十分贴切。本节将高校财务管理的模式分为完全分散管理模式、准分散管理模式、准集中管理模式和集中管理模式四种。

（一）完全分散管理模式

完全分散管理模式就是校院两级管理中以学院为主导的财务管理模式，也就是国外的责任中心管理。这是一种基于分散财务权利和责任的财务管理模式，其前提是学校有权对所有收入进行调节使用。在这种模式下，虽然仍是由学校实行统一领导，但是学校只留下很少部分用以维持行政部门运转的经费和一部分应急经费，将绝大部分资金分配给学院。学院可以对学校分配的各项经费和创收留成收入，根据事业发展需要进行调整、使用。分散管理模式使学院能够更加直接地参与预算的制订和资源的配置过程，增强了各学院预算及资源分配的灵活性，能有效地解决资源不足所带来的问题。

（二）准分散管理模式

这种管理模式与准集中管理模式相比，扩大了学院对资金的支配权和控制权。学校将国家教育事业费拨款中可供调配的资金（不含专项资金）的很少部分供学校本级安排使用，剩余资金则完全分配给各学院，由学院支配和使用。学院要根据学校的财经政策和规定并结合本院实际发展态势，编制学年经费的预决算，制定内部分配政策，接受学校财务部门的指导和考核。学院有权自行安排学校分配的经费和学院的各种创收收入，实现资源在院内的优化流动和配置。在这种模式下，学院在对经费的调控指挥方面有较大的运作空间，对于收入和支出学院有权支配和控制。而专项资金则不能与其他经费一起由学院统一调控。

（三）准集中管理模式

财务的准集中管理模式就是指高校将大部分资金留在校级统一调度使用，

教工工资、水电费支出及大部分开支由学校及其职能部门控制。各学院、系等一级单位对学校分配给他们的资金及自己创收的一部分拥有一定的自主权，对本部门能够控制的开支有制定财务管理办法的权力。

（四）集中管理模式

财务管理的集中管理模式是指财务权利高度集中，学校所有的资金全部由校长、财务负责人或经济管理委员会统一管理。学校只设置一级财务机构，除此之外没有同级或下级财务机构，所有业务必须通过一级财务机构协调处理，统一下拨各项经费预算，统一编制学校综合财务收支计划，统一核算预算外各种创收及制定创收的分配比例。学校有统一的财务制度，各院、系没有制定本部门财务规章制度和实施办法的权力。

二、高校财务管理模式选择原则

模式各异，因地制宜，具体问题具体分析方可达到事半功倍的效果，因此，如何选择合理的高校财务管理模式便显得尤为重要，以下四大原则可供参考。

（一）财务管理目标应当与学校战略目标相一致

财务管理是学校整体管理中的一个子系统。财务管理目标是学校发展战略目标的一个子目标，必须与学校最高目标保持一致，以便通过开展财务管理工作促进学校战略发展目标的实现。高校财务管理的目标必须紧密围绕高校发展战略的目标，在战略上两者的方向是一致的。

（二）战略性目标与具体目标有机结合

战略性目标着重于学校的长远利益，谋求学校的长远发展；具体目标则强调高校的近期利益，关心当前的经济利益。战略目标必须通过一系列的具体目标来实现，指导具体目标的制订。社会效益、经济效益有眼前和长远之分。学校既要考虑眼前的利益，又要考虑长远的利益。在资金的投入上，不是简单地看投入，而是要看在谋取学校的战略办学资源方面是否最有利，如优秀人才的引进、对重要科研项目的支持、结合高校的条件占领科技研究先进领域等，要有利于综合实力的提高。这些对高校的影响是长远的，具有战略意义。高校要实现这些目标又必须通过具体的财务安排和资金的筹集才能实现。

（三）经济效益目标与社会效益目标的协调统一

社会效益是高校培养人才、服务社会的责任所在。追求社会效益最优化，为社会培养优秀人才、创新技术和提供精神产品是高校的基本目标，是由高校的职能所决定的。社会效益好了，学校才能招收更好的生源，进而取得更多的经济资源。高校要维持正常和长期的运转，必须有经济基础，必须符合市场经济的规律。通过追求经济利益，高校的经济运营才能良性循环。高校财务管理的目标，既要突出经济效益，又不能仅限于经济效益，它必须追求社会效益与经济效益的同步。

（四）高校内各主体利益的综合平衡

高等学校经济活动中涉及国家、集体、个人三者的利益关系，要正确处理好局部与全局的关系，坚持按劳分配，合理制定激励政策，调动各方面积极性。无论制定何种财务政策和财务资金安排都必须合理兼顾国家、学校、教职工、学生的利益，使得学校的各项投入恰当、支出合理、效益明显、前景良好，各方面的积极性能够调动起来。财务分配政策应保持动态平衡，获得各利益主体的信任和支持，从而才能使高校教育事业稳步发展，实现财务管理优化的目标。

三、高校财务管理模式创新的保障

在新形势下，高校财务管理模式需坚持"宏观主控，微观适调"的原则，处理好责、权、利的关系，与市场经济大环境和高校自身的管理体系、发展模式相适应。正所谓"苟日新，日日新"，创新能够让高校财务管理模式与时俱进，保障创新的实施尤为重要，制度保障与组织保障是两大利器。

（一）制度保障

1. 完善全面预算管理制度

（1）成立会计结算中心，集中进行财务管理。在校属各单位资金使用权、财务自主权不变的情况下，成立会计结算中心。实行会计集中核算后，规范的办事程序、严格的会计监督将使得各单位财务透明度进一步增加，财务收支的合法性进一步加强。在学校统一领导下，实行全面预算管理，统一渠道进出，集中办理全校各单位的资金核算和会计核算。中心根据学校预算和有关的计划、合同，对各单位的进出资金和每项结算业务的合理性、合法性进行监督，使之完全置于学校的监控之下。

（2）加大预算执行力度，强化预算约束力。学校内部预算管理体系与财务管理体制相适应。预算管理的组织体系及其运行机制是执行预算、实现预算目标的组织保障。已经审定的财务预算执行如何，关系到学校年度工作完成的好坏，会影响学校事业的发展和规划，为此必须加大预算执行力度，强化刚性管理指标。对于重大项目经费支出，必须有归口领导审批，严格按照预算内容项目执行。

（3）预算编制的科学化、规范化。在预算编制过程中，要按轻重缓急进行排序，优先安排急需且可行的项目，实行专项项目滚动预算；可行但当年安排不了的项目自动滚动到下一年去；各收支项目必须有合理的编制依据，要有详细甚至统一的定额标准，逐渐做到人员经费按人数、公用经费按定额、专项经费按项目来确定；分别建立教学基础设施改造、公用服务体系建设、专项设备建设、队伍建设等专项建设项目库，并根据学校的教育事业发展计划，不断更新、完善，使专项建设目标和学校总体规划相适应，提高专项资金的使用效率。

2.强化内部审计制度

（1）合理设置，增强独立性。按照职责分明、科学管理的原则设置独立的审计机构，保证审计工作所必需的专职人员编制，配备具有内部审计岗位资格的审计人员，也可以根据工作需要，聘请特约和兼职审计人员，并且在机构设置时，还应考虑分管领导的岗位牵制，增强审计独立性。

（2）加强内部审计队伍建设。高校内审领域比较宽泛，它要求审计人员不仅拥有财会知识，还要具有经济管理、计算机、工程技术等知识。因此，高校一方面应选拔业务素质高的人员充实审计岗位；另一方面还要通过培训，提高现有内审人员的水平。换言之，要有合格的、高素质的内部审计人员，他们除应具有严谨的工作作风、高度的责任心，还须有过硬的业务能力。

（3）积极沟通，确保内审结果客观。内部审计人员必须增强内部审计的纪律性，如果在接到有碍审计独立性的工作时，可采取沟通汇报和职务分离的方法。沟通汇报是指与学校领导说明这不是审计的职权，避免接受此类任务。职务分离是指如果沟通无效，则声明内部审计人员做的是非审计业务，同时在安排审计任务时，把相关运营活动的审计任务交给内部审计的其他人员来做。只有这样，内审人员的审计才能相对独立，审计结果更加客观。

（4）组织重视，制度健全。高校管理层要充分认识内部审计工作在内部管理、党风廉政建设等方面的作用和意义。只有有了领导的重视，内审工作才能顺利展开，内审工作的质量才有可能提高。学校应建立健全内部审计规章制度，定期研究、部署和检查审计工作，及时审批年度工作计划、审计报告，督促审计意见或审计决定的执行，使内部审计工作制度化、常规化；要建立健全内部控制制度、内部审计工作报告机制、内部审计成果运行机制、内部审计工作考核机制和内部审计人才培养机制等；支持内部审计机构和审计人员依法履行职责，并提供经费保证和工作条件；对成绩显著的内部审计机构和审计人员进行表彰和奖励。

3.健全资产管理制度

（1）建立"大资产"管理体制。成立"国有资产管理处"，横向上将学校全部固定资产、无形资产和投资资产等各种形态的资产，纵向上将从资产的形成到使用过程中的调剂，再到最后的处置的各个管理阶段及各个环节，统一由国有资产管理处一家管理，改变国有资产多头管理的现状；建立资产的产权产籍管理和具体使用管理两权分离的管理机制，规范两权管理流程，强化两权的相互监督与制约，以有效防止资产流失。

（2）改革和完善高校的资产管理和核算制度。统一固定资产的分类，完善固定资产考核指标体系。财务制度对固定资产的分类应与资产管理部门的分类统一。这样有利于进行资产管理，便于统计账目并核对。制定高校固定资产管理的考核指标体系，结合各自的实际情况，制定本校可操作和可实施的内部固定资产考核指标体系，明确固定资产的合理确认标准。修订固定资产确认标准，应从效用、使用期限、单位价值等方面来界定固定资产，相应提高固定资产的确认标准。推行固定资产折旧制度。

（3）加强制度建设，强化管理措施。高等学校既要贯彻执行国家有关资产管理的法律、法规和规章，又要结合学校实际，建立本校可操作和可实施的国有资产管理制度体系，做到依法管理、规范管理、科学管理、高效管理，以维护资产的安全、完整和提高设备的使用效益。建立如下一系列制度：资产的购置和验收制度、财产保存管理制度、使用和维护制度、出让管理制度、报废报批制度、统计报告制度、监督检查制度、考核评价制度等。

（4）完善资产管理与财务管理的内部衔接机制。完善双向管理流程，从资产的形成到资产使用中的调剂，再到最后处置的各个环节，在资产"存在"期间的形态、位置、数量、质量、价值等的各种变化，资产管理与财务管理都应从物到账、从账到物、从账到账适时保持动态一致。充分利用信息技术，实现动态监控功能。

虽然国有资产管理部门和财务部门各自都有资产管理系统，但还没有实现信息资源共享，要建立学校"国有资产综合管理平台"，将各部门的信息数据进行对接，应从解决办公自动化入手，逐步实现国有资产管理集成化、数字化、信息化。

（二）组织保障

1.加强财务管理组织机构建设

在"统一领导，集中管理或分级管理"的框架下，当前我国所有高校，即便是规模较小的高校也采用了权责更为明确、管理更为活跃、机制更为灵活的

"集中核算，绩效考评，项目控制"的更能适应社会经济环境，适应市场需要的科学的财务管理体制。

（1）集中核算。按统一要求、集中调配的原则，高校所有资金收付都必须由其财务部门集中管理，校属各部门均不得自立收费项目和收费标准，更不得自行收费，私管资金。这样既能从资金进口控制和集中学校所有可支配资金，又能从资金出口加大控制和管理，提升学校资金实力和办学能力，彻底改变"重核算、轻管理"的片面做法，着重加强学校资金运作，拓宽资金来源渠道，控制资金应用方向，加强事前、事中、事后的资金效益管理，全面加强财务管理在高校经济管理工作中的核心作用。

（2）绩效考评。为实现"权利到位，责任到位，效益到位"的目标，高校按照管理层次，应建立学校和部门负责人经济责任制，并建立健全相应的经济效益考核评价奖惩机制。设置专门的部门对校属各部门经济责任履行情况、开展经济活动的绩效情况进行全面监督检查、考核评价，及时找出经济管理过程中的偏差、漏洞及存在的其他问题，认真分析、查找原因，堵塞违规用款行为，严肃财经纪律。通过"源头控制，过程监管，绩效评价，有奖有罚"等具体措施来保证科学、合理地考核评价校属各部门的业绩。高校财务管理要"统得有序，控得到位，管得有效，奖得有用"，保证高校内部责、权、利真正落到实处。

（3）项目控制。目前，我国高校实行了以预算编制为基础、绩效评价为手段、结果应用为导向、覆盖全校所有资金和业务活动的全面预算管理和项目控制。每年编制预算时，坚持收支平衡、统筹兼顾、积极稳妥、勤俭节约、事权与财权相匹配的原则，将责任和权利进行明确并层层落实分解，对人员经费实行定员定额管理，做细、做精预算安排；对项目经费采取部门内部评审、专家评审等多种形式，对项目的必要性、绩效性进行充分的论证，优化支出结构，细化支出项目，突出项目目标管理。高校在通盘考虑学校整体资金来源和资金需求、科学合理确定高校全年度收支总额的基础上，针对每项资金来源、每项资金使用都设置了具体的项目名称，安排了具体的资金数额，并在实际执行过程中，统一监管和逐一核算，坚决杜绝超用、挪用和无预算项目开支资金的情况，真正做到了资金"预算到位，管理到位，控制到位，核算到位，使用到位"。

2. 收付实现与权责发生相结合

部分地采用权责发生制来弥补收付实现制的不足。我国预算会计界认为："事业单位应当根据业务性质合理确认收入的实现。"预算会计界还认为："权责发生制体现了收入与支出之间的配比关系，揭示了收入与支出的内在联系，有利于事业单位加强内部经济管理，提高社会效益和事业成果考核。"随着高校收入来源和支出用途的多样化，以及强化教育成本管理核算的需要，权责发生制将是一种必然的选择。但是，会计核算基础必须适应高校的特点，因此不能完全采用权责发生制作为高校会计核算的基础。建议高校在实行收付实现制的同时，根据学校内部核算和管理需要，部分地采用权责发生制来弥补收付实现制的不足。

第三节　高校财务管理环境

环境对高校财务管理的影响不容小觑。在新形势下，高校财务管理也面临着新的变化，如果墨守成规，以传统环境为标杆进行实践，可谓刻舟求剑。因此，探讨诸多新环境的情况，尤为重要。

一、新环境：新会计准则与制度

（一）新会计准则对高校的意义

1. 改革公共财政管理体制

近几年，我国公共财政管理体制进行了一系列重大变革，财务会计制度体系正在不断完善，开始逐步做到与国际会计同步发展。公共财政制度要求"一个部门一本预算"，即高校整体预算应包括在会计上独立核算的基本建设项目收支预算和后勤预算；"一个基层预算单位开设一个零余额账户"，实施国库集中收付后，高校必须设置相应的会计科目以反映零余额账户的信息。大量新的会计业务内容超越了原高校会计制度的范围；政府采购制度下相应采购款不是拨给高校，而是按照预算和采购情况直接拨付给供应商，相应业务的会计核算也随之变化；要加强国有资产管理，调整固定资产分类和价值标准，真实、完整地反映资产使用状况，合理配置和有效利用资产，防止资产流失。因此，根据公共财政管理体制改革的需要，必须要有新的会计制度来指导高校的会计实践。

2. 规范高校会计核算

随着高等教育体制改革的不断深化，高校的内外部环境发生了深刻变化，经济活动更加复杂。如何管好、用好教育经费，确保经费使用规范、安全、有效，是当前和今后高校会计工作的重点。要保证能全面、准确、真实地反映高校整体资金收支状况，就必须更进一步加强和规范高校会计核算。高校会计核算应该包括固定资产折旧核算、各种资产减值核算、各种收支按月核算及成本核算等。规范的高校会计核算是预算执行的关键，它按有关规定实施决算管理，从而保证预算的有效执行；规范的会计核算可以保证各类财政拨款资金的正确和安全使用，可以完善资金结转和结余管理，能统筹使用结转、结余资金；按照相关核算对象和核算方法，对业务活动中发生的各种费用进行归集、分配和计算，从而实现细化成本核算和加强成本核算。会计科目是按照经济业务的内容和经济管理的要求，对会计要素的具体内容进行分类核算的科目。只有根据实际应用增减调整会计科目，才能改变会计核算内容，达到规范会计核算的目的。

（二）新会计制度对高校财务管理的影响

新会计制度，在高等教育从规模扩张向内涵发展的今天，全面规范了高校经济业务的确认、计量、记录和报告，使高校的财务管理工作面临着新的挑战。

1.高校财务管理工作重心从"核算型"转向"决策型"

与旧会计制度相比，新会计制度主要实现了九个方面的改革和创新，兼顾了高校财务、预算、资产、成本等方面的管理需要，对高校财务管理工作提出了新的更高要求。随着高等教育的不断发展，高等教育经费来源渠道已经拓展到财政拨款、收费收入、产业收入、社会捐赠、科研收入、贷款收入、利息收入等多方面，高校的自我筹资能力不断增强，从而更加注重经费使用的效果和效率。在这种形势下，高校的财务管理工作重心必须改变把日常事务管理和会计核算作为主要职能的传统观念，必须由"核算型""事务型"向"管理型"转变，把财务工作重心转移到对学校各项经济业务的事前预测、计划，事中监督、控制，事后考核、评价，为学校决策提供服务上来。

2.新会计制度强化了高校财务风险管理

新会计制度提出高校要夯实资产负债信息，明确规定高校的基建投资业务定期并入高校会计"大账"；要求统一将校内独立核算的会计信息纳入高校年度财务报表，增强高校会计信息的完整性和可比性，明确反映高校债务总额和债务构成；要求高校要加强资产管理与财务风险防范，增加债务监控管理。

3.新会计制度强化了高校的受托资产管理责任

新会计制度新增了与国库集中支付、政府收支分类、部门预算、国有资产管理相关的会计核算内容，并要求"虚提"固定资产折旧和进行无形资产摊销，注重反映政府将高校资源或决策权委托给高校进行管理的效果和效率，全面规范了结转结余及结余分配的会计核算，以提高高等教育所产生的社会效益和经济效益。因此，新会计制度增加的会计核算内容强调了高校必须对受托管理的这部分资源进行科学的会计核算和反映，以作为主管部门对高校实施内部控制机制和使用受托教育资源的效益、效率、效果等进行客观、科学评价的依据。

4.新会计制度强化了高校成本核算与控制

新会计制度在旧会计制度的基础上进一步规范了高校的收支核算管理、分类核算收入和支出，并要求将相应的收入与支出进行配比，强化了成本核算与控制；创新引入了"虚提"固定资产折旧和进行无形资产摊销，能更加真实地反映资产价值，为高校内部成本费用管理、考核高校的资产使用效果、评价高等教育经费的使用效果和效率、评价高等学校的预算执行力提供信息支持。

5.新会计制度强化了高校预算管理

新会计制度细化了高校事业支出科目的设置，将原会计制度下"教育事业支出"科目核算的内容，细分为"教育事业支出""行政管理支出""后勤保障支出""离退休支出"，分层次、清晰反映高校各类支出的结构和信息，更清晰地核算高校事业支出情况，满足高校预算管理需要，为高校内部成本费用管理、经费使用效率提高提供数据支持。同时，新会计制度调整了收入支出表的结构，增加了财政补助收入支出表，使之既能够反映高校收入总额和支出总额信息，又能够反映各种不同来源资金的收支和结转结余情况，还能够反映高校预算计划和目标的完成与管理情况。

（三）新会计制度环境下高校财务管理的创新

高校财务管理工作是高校内部管理工作的一个重要组成部分。财务管理工作的优劣，直接影响着高校的生存和发展。在实施新会计制度的前提下，高校必须更新财务管理理念，实现社会效益和经济效益并举的目标，实现高校内涵式发展。

1.树立高校财务管理大局观

高校财务管理工作要把预算、核算、决策分析与评价，以及国家的高等教育发展目标、学校的整体战略目标相结合，走内涵式发展、可持续发展的道路，切实优化高校的教育资源配置。一是要认识到高校建设应服从于国家高等教育建设这个大局，要以国家高等教育建设全局为基础，识大体、顾大局，在国家所能提供的财力、物力范围内，搞好高校的经费分配和供给，努力提高经费的使用效益。二是财务部门在对本校教学科研整体建设实施财务服务中，要将学校的长期发展目标与短期目标相结合，切实服务学校发展。在分配教育经费时，财务部门必须分清轻重缓急和主次先后，切实保障好重点建设，同时也要照顾到一般事业任务的完成。每项事业都是学校整体建设不可缺少的部分。三是财务部门要通过实行新会计制度实施精细化的财务管理，以及时、准确、完整的财务数据，为主管部门和学校管理层提供参考，协助处理好本校维持与发展的关系，并提出相应的决策建议。

2.树立高校财务管理风险控制观

随着高校办学形式的多样化和筹资渠道的多元化，经费投入与学校建设发展对资金需求的矛盾日益突出。合理利用负债可在一定程度上缓解学校的资金不足，充分发挥财务杠杆作用。但在利用负债补充教育经费不足的过程中，高校必须树立风险观念。财务管理人员要具有防范风险的意识，合理组织高校资金，对贷款项目进行可行性研究，落实还款渠道和计划。在实施新会计制度的过程中，应强化高校财务风险分析，建立科学、有效的财务风险控制机制，建立财务风险预警系统，以促进高校实现健康、稳定和规范化发展。

3.树立高校财务管理成本效益观

随着高校办学环境的变化，各高校之间的竞争越来越激烈。高校要提高自身的办学综合实力，在财务管理工作中必须要树立成本效益观，按照教育部、财政部成本管理办法的要求加强教育成本核算，以绩效为导向，将办学成本与效益挂钩，力求用最少的资金培养更多、更好的高等教育人才。要研究当前高等教育环境、社会经济环境对高校财务管理的影响和要求，努力探索和建立符合高等教育工作规律、符合新会计制度的财务管理体制和运行机制。当前，高校财务管理应该与时俱进，既要认真宣传国家财经法律和有关经济政策，使高校的教学科研活动在正确轨道上运行，又要帮助教学科研管理部门树立成本效益观念，以绩效评价为导向，通过新会计制度的实施，进行成本费用核算，计算出生均培养成本、人力资源成本与人才培养成本，不断寻求降低办学成本的最佳途径，帮助这些部门以最少的教学科研投入，获取最大的经济效益与社会效益，努力提高高校的办学水平。

4.树立高校财务管理决策分析观

高校财务管理工作要建立反映高校预算管理、资产管理、财务风险管理、支出结构、财务发展能力等方面的评价指标体系，定期进行分析评价，为主管部门和管理层正确把握高校的财务状况和发展趋势、预测高校的财务风险提供依据，并将结果在下一步的管理工作中应用。通过科学分析评价和结果的再应用，促进高校充分挖掘潜力、加强预算管理、努力开源节流，促进高校预算的顺利完成，提高高校资金的使用效益，促进高校严格执行国家财经法规和财务制度，不断改进内部管理。

5.树立高校财务管理财务业务一体化观

新会计制度的实施、财务信息化水平的提高使高校财务管理实现财务业务一体化成为可能。通过信息化建设将财务、预算、资产、成本相结合，将财务业务流程与高校的其他管理活动进行整合，将财务管控深入高等学校的日常业务活动中，而这将使得在业务处理方式和管理模式上发生变革。将财务工作与学校的业务工作相结合，一方面可以使高校的相关财务战略、财务管理制度在业务部门得以落实，另一方面也能及时反馈高校各业务部门在办理业务中存在的问题。借助新会计制度和现代信息技术实现的财务共享服务模式，可以实现管理创新的进一步提升，激发校内各业务部门参与财务工作、关心学校建设发展的积极性，促使各业务部门和教职员工在学校聚财、用财、生财方面出谋献策，推动学校整体财务管理水平的提高。

6.重构财务管理工作组织体系

高等学校要办出特色，提高在国际上的竞争力，必须推动高等教育的内涵式发展，提升战略管理能力。高等教育内涵式发展的一个重要标志是建立现代大学制度，完善治理结构。而高校治理结构完善的一个重要标志是高校财务管理体制的完善。新会计制度不再是单纯的会计核算和处理，而是要兼顾财务、预算、资产、成本等方面的需要。在实施新会计制度的背景下，构建服务于高等教育内涵式发展的财务管理体制，通过科学的财务管理体系合理配置和有效利用高等教育资源，为高校的战略管理服务，才能更好地促进高等教育内涵式发展。系统构建基于高等教育战略发展导向的高校财务管理体制，建立高等教育经费管理的绩效评价指标体系，优化高等教育资源配置的路径，有利于加强高校各项财务工作的监督与管理，确保高等教育资源的保值、增值，提高高等教育资源的使用效益、高校战略管理能力、高校的办学效益与办学质量，促进高校事业的健康发展。

7.完善的内部管理制度

完善的内部管理制度是组织机构高效运行的基本保证。基于新会计制度实施构建的高校财务管理工作体制，需要一整套能将高校战略管理、预算管理、资产管理、风险管理有机结合的内部管理制度来保障，实现战略与规划、规划与预算、预算与配置、配置与管理、管理与风险控制、管理与绩效评价的有效互动，以此加强学校的内部控制机制建设，对学校预算管理、收支管理、政府采购管理、资产管理、建设项目管理、合同管理等各项业务流程进行重新梳理和规范，实现教育资源配置的最优化、教育经费使用效能的最大化。

总之，高校的财务管理工作不应局限于简单地提供数据，理应以新会计制度的实施为契机，适应新会计制度核算需要，适时改变高校财务管理理念，稳步推进内部控制规范建设，构建服务于高校战略规划、符合现代大学建设、利于推动实现学校内涵式发展的财务管理工作体制。

二、新环境：知识经济时代

随着知识经济时代的到来及市场经济体制改革的深入，高校面临新的生存环境，与高校管理息息相关的高校财务管理工作也面临新的挑战，其财务管理工作已不仅仅是筹资运作及核算管理方面。

知识经济是以知识为基础的经济，它的技术含量很高。高校人才云集，其发展目标是传授知识、培养人才、创造最佳社会效益。高校既是培养科技人才的基地，又是高新技术创新的发源地。可以说，高等教育是高新技术的诞生地和摇篮。知识经济的社会将是学习的社会，知识经济的时代将是教育的时代，在这其中，高校具有责无旁贷的责任。高校财务管理工作已经渗透到高校的各项管理工作中。面对知识经济的社会，高校财务管理正面临新的挑战，迎来了新的生存环境和改革发展机遇。

随着全球知识经济的兴起、网络信息时代的到来及电子商务的蓬勃发展，高校的经济环境、政治环境及教育环境发生了变化。为了适应其发展需要，各大高校相继从 20 世纪末开始了大规模的重组及合并，这就对高校财务管理提出了新的要求。高校财务管理是高校组织自身财务活动、处理各种财务关系的一项经济管理活动。随着"以财政拨款为主，多种渠道筹措教育经费为辅"的体制的确立，财务管理的主要职能表现为：拓宽渠道，筹措资金；编制预算，分配资金；预算控制，使用资金；资产管理，合理配置；财务报告，财务分析；健全体制，财务监督。财务管理不仅要分析财务指标、研究财务信息，而应该建立一个综合财务信息系统，全方位、多角度地进行分析和研究，不仅要预算编制、预测分析、决策分析及控制等，而应站在战略性高度，对一些非财务指标的业绩评价做出全面分析，同时建立高校财务管理网络信息系统等。

三、新环境：互联网高速发展

（一）信息化环境下高校财务管理创新

建设信息化的财务管理平台。科技时代，信息传播迅速，而高校财务管理模式要创新，就要站在市场前沿，掌握第一手资料，实现动态管理，最重要的就是要建立数字信息化平台。通过不断发展成熟的网络技术，搭建财务管理平台，适时地掌握控制高校财务的整个预算情况和各院、系预算的执行情况。

搭建信息化平台，能够保证校一级财务机构做好财务绩效监督工作，掌握财务收支情况，落实资金，保证高校从资金来源到资金流动都顺畅无阻，提高财务运转工作的速度。为了更好地利用信息平台，高校要将复杂多元的第一手信息进行整合，对整合后的信息进行加工、分析：对初始信息进行分门别类的筛选和核对，以保证信息的正确性；对核实的数据进行分析和判断，提出合理化的意见和建议；领导根据得出的意见和建议做出决定，调整财务计划，为高校发展提供坚实的技术基础。

高校财务管理过程中，信息能否及时反馈直接影响财务计划决策的准确性和及时性，在整个高校发展过程中起到非常重要的导向作用。高校要创新财务管理模式，必须重视信息化建设，加强对动态信息的管理，提高分析、辨别能力，加强反馈结果的准确性和及时性，以便更好地服务于高校财务建设和高校教育建设。

（二）网络经济环境下高校财务管理创新

1.高校财务管理内容创新

网络经济的到来为高校财务管理带来了极大方便。首先，高校管理者要利用网络的便捷性做好财务收支两条线的管理。学校要把每年的各项经费收入都录入财务管理系统中，依据自身财务情况及发展目标做好资金预算。其次，高校要借助财务信息系统管理国家划拨的专项科研资金，确保资金落到实处，提升学校的科研水平。最后，在网络经济环境下，传统方式的会计单一货币计量将被打破，支付方式逐渐朝着电子信用卡、电子支票、电子现金的方式转变。

2.高校财务管理软件创新

在网络经济环境下，高校财务管理内容、管理模式、工作方式等都经历着创新与改革。这就要求高校财务要尽可能地强化对外联络工作，积极进行高校财务管理软件创新，满足自身经营与管理的需要。财务管理软件的创新是以网络为依托运行的。高校想要切实完善网上办公，就必须实现从局域网到互联网的转变。在网络环境下，高校财务管理软件应该具有完善的移动办公及网上办公的功能，强化财务管理的模块化运作，不再受到场地与时间的限制，尽可能地加强高校财务的安全性，确保高校教学科研活动与财务资源配置的同步协调，达到资源的合理配置。

3.高校财务工作方式创新

高校应该以自身发展的实际情况作为出发点，积极展开财务管理工作方式的创新。具体而言，网络经济环境使得原先固定化的办公场所逐渐向着网络化的虚拟办公场所进行转变，促使很多教师能够移动办公、网上办公。这样不但方便教师进行日常工作，而且在一定程度上增强了高校开展财务工作的透明性。此外，高校财务工作者离开办公室时也可正常办公，不再受到场地与时间的限制，能够实时掌握各下属单位资金使用与管理的情况，还可以对下属单位、外联单位的财务往来进行在线监控，实现对款项余额的实时监督。利用互联网，高校能够促进各方业务往来，加快各类报表处理速度，在一定程度上提升了工作效率，达到创新高校财务工作方式的目的。

4.高校财务管理模式创新

随着高校办学中心的不断下移，传统方式下的预算管理模式将有所改变。高校的预算管理将围绕着二级学院预算展开，并以此为出发点，完善自身预算管理乃至财务管理的各项经营活动与内容；同时，在做好上述内容的基础上，高校还应该健全与完善自身的预算管理机制，确保制度制定的合理性、科学性、民主性，不断促进高校财务管理模式积极、有效创新。

（三）一卡通环境下高校财务管理创新

1.引进先进的科学技术设备

这是解决财务人员计算量庞大和提高财务信息化管理效率的重要手段。第一，高校应该适当引进具有丰富经验和较高专业水平的财务管理人员，通过提高财务管理人员的个人业务素质，全面提高财务管理效率，促进高校发展。第二，高校应该对其自身的财务工作情况进行分析，通过引进先进的财务信息管理设备和财务信息管理办法，为应用校园一卡通后的财务信息计算和财务管理工作提供可靠的设备和技术保障，提高财务管理的工作水平。

2.规范财务管理人员行为

规范财务管理人员行为、提高财务工作人员专业素养，是解决校园一卡通为校园财务管理带来的相关问题的主要措施。财务管理人员作为高校大量资金的接收者和计算者，其自身的工作行为不仅关系到高校财务部门的自身建设，对于整个高校的发展也具有重要的影响。一方面，高校应该结合自身财务工作的实际情况，对现有的高校财务管理办法进行完善，并通过制定符合其发展方向的财务管理制度对财务人员的工作行为加以约束，从提高财务人员个人能力的角度减少校园一卡通对高校财务管理工作产生的不利影响。另一方面，高校应该加大对财务人员的监管力度，防止财务人员内部出现监守自盗的情况，从规范财务管理秩序的角度，提高高校财务管理效率。

3.保持财务工作的连续性

这是解决校园一卡通带来的财务管理工作间断性问题的有效方法。保持财务工作的连续性，并不是让财务管理人员始终保持着高度紧张的工作状态，而是通过制定或借鉴科学的财务管理手段和信息化的财务管理办法，使财务管理人员对学生校园一卡通内资金的使用情况进行实时监督和管理，以减轻财务人员的工作压力，提高财务管理效率，提高高校的财务管理工作水平。第一，高校需要以先进的技术设备为依托、以高素养的财务管理人员为主体、以良好的财务管理环境为基础，全面开展高校财务管理工作，通过实现高校内各种资源的优化整合，加强财务部门的建设，提高财务管理水平。第二，高校应该对其内部校园一卡通的应用情况和一定时期内一卡通资金的流动情况进行分析，并积极地开展与他校的交流合作，结合自身实际工作情况，通过借鉴其他高校引入校园一卡通后的相关财务管理办法，提高自身的财务管理水平和财务管理人员的工作能力。

4. 加强校园财务管理安全

校园一卡通的应用离不开电子信息管理系统的支撑，其管理工作离不开互联网技术的支持。在高校财务管理系统中必将存在着相应的网络安全风险，加强校园财务管理安全工作已经势在必行。一方面，高校应该对财务信息管理给予相应的重视，将财务信息安全管理工作提升到高校战略发展的高度上，自上而下地形成一卡通安全风险防范意识。另一方面，高校应该加强对财务管理人员和学生群体的财务安全培训工作，使其掌握相关的财务风险防范知识，从根本上提高高校财务管理系统的安全性。

第四节　高校财务管理目标

财务管理目标决定了财务管理的内容和职能，以及它所使用的概念和方法。[①] 从财务管理目标来说，企业是营利性组织，其出发点和归宿是获利。企业一旦成立，就会面临竞争，并始终处于生存和倒闭、发展和萎缩的矛盾之中。企业必须生存下去才可能获利，只有不断发展才能求得生存。因此，企业管理的目标可以概括为生存、发展和获利。

作为非营利性公益组织，高校财务管理的目标是指高等院校通过组织高校财务活动、处理财务关系等工作所要达到的目标，它是高校财务管理的基本方向。高校财务管理追求经济效益，但终其目标，还是为了教育事业更好的发展。其具体目标包括以下方面：

---

① 中国注册会计师协会 . 财务成本管理 [M]. 北京：经济科学出版社，2007：1.

一、预算管理目标

目前，预算管理已经成为高校财务管理的中心内容。要实现学校发展目标，高等学校必须建立科学的预算管理体制及相应的预算执行比例指标；建立负债偿还基金；建立项目经费使用绩效考核制度，提高预算资金的使用效益。针对高校学费收入季节性形成的现金流入量不均衡的特点，财务预算管理要编制现金预算，解决财务收支在时间上和数量上的不平衡，提高财务保障能力和资金使用效益。

二、收入管理目标

财政拨款是高校经费来源的主要渠道。这部分资金既没有资金使用成本，也不需要归还。此外，学生的学费也是高校经费来源的重要组成部分。同时，高校应积极借鉴国内外高校经验，充分利用校友遍布天下的优势，成立校友会、基金会等组织机构，为学校的建设筹集资金。再者，高校应加强资产出租管理，拓宽高校资金来源渠道。

三、筹资管理目标

"随着高等教育改革的不断深化，高校已成为面向社会依法自主办学的法人经济实体，经费来源已经从单纯依靠财政资金，转向多渠道筹集资金。"[①]不同的资金来源，其使用的资金成本、时间长短、使用风险都不同。比如，银行融资贷款需要支付利息，到期偿还本金，不但成本高，风险也大；而来自国家的财政拨款和社会的捐赠，则不存在偿还和资金成本问题。因此，高等学校在争取财政资金和社会捐赠的同时，应把握借款时机和借款期限，以较低的筹资成本和筹资风险获取较多的资金。

四、分配管理目标

我国高校教育在运行机制的制定过程中，逐渐由传统的单纯强调社会效益转变为经济和社会效益的共同发展。这项转变过程使得我国高校在管理中实现了经济效益的最大化。随着运行机制的转变，我国高校财务管理的分配目标也由传统的平均主义转变为以实际为基础的预算分配。这种转变是我国高校财

---

① 董虎.浅议科学理财观在高校财务管理工作中的实践指导[J].教育财会研究，2008（5）：14-16.

务管理长期发展的产物，能使我国的经济和社会效益达到一个平稳的状态。

五、投资管理目标

近年高等学校发展迅猛，各高等学校都在设法筹集资金、投资征地，扩大校园面积和办学规模，对教学设施、实验设备等也进行了较大的投资。为此，高等学校应加强投资管理，科学决策投资，其财务应参与投资决策和管理，以较低的投资风险和较小的投资成本获得较大的投资收益。

六、资金管理目标

财务管理的核心是资金管理。因此，高校应改变观念，提高资金的使用效益，树立资金的时间价值观念，达到资金资产增值的目的是高校财务管理中必须重视的目标。

七、财务分析目标

高校要提高财务队伍的专业素质，通过经费结构分析、支出结构分析、投资效益分析，达到降低财务风险、提高财务决策和资金使用效益的目的。

八、成本管理目标

"过去人们都认为高校财务管理很简单，就是收入支出管理，有多少钱用多少钱，费用支出时没有成本效益意识，这是不追求绩效的做法。"[①] 现阶段，我国高校的规模都比较大，其内部的机构种类也比较多，部门管理的内容也不同，所以，整个高校财务管理的目标有着很大的差异性，高校必须加强成本核算管理，转变目前的经费管理观念，树立成本核算观念，树立效益观、市场观，使高校理财体制、模式、方法与社会相适应，以最小的运行成本实现最大绩效的财务管理目标。具体而言，高校需要注重成本管理目标的制订，将成本效益作为主要的成本管理目标，对其办学的效率进行深入的考量，通过该目标的转变，有效地提高高校的教学质量及水平，降低人才培养的成本投入。

总之，高等学校财务管理目标可概括为：高校要建立与社会主义市场经济发展要求相适应，与管理体制改革相协调，统一领导，以学校财务部门为核心，以学校综合财务收支预算管理为基础，以优化资源配置、调整经费支出结

---

① 谭国利，徐义夫.浅谈事业单位财务管理目标[J].北方经贸，2008（5）：83-84.

构、提高社会效益与经济效益为目标。高校财务管理在宏观管理方面要调控适度，在微观管理方面要灵活有限，形成纵横协调、集权和分权相结合的财务管理模式。

第二章　高校内部审计概述

第一节　高校内部审计内涵及职能

一、高校内部审计内涵

高校要做好高校内部审计工作，首先需要清楚高校内部审计的含义是什么。本节通过阐述"审计的含义—内部审计的含义—高校内部审计的含义"的逻辑推演，借助有关文献和学术界现有的研究成果，对高校内部审计含义做如下说明。

（一）审计的含义

我国"审计"一词，最早产生于宋代，早期的审计就是审查会计账目，与会计账目密切相关①。这是审计最早期的定义，审计仅仅只作为会计工作的延伸，局限性比较大。审计发展至今，已经不单单是查账，而涉及了经济管理中的各个方面，包括经济活动经济性、效率性和效果性的审查。

美国注册会计师协会对审计的定义是"独立人员对财务报表加以检查，搜集必要证据。其目的是对这些报表是否按照公认会计原则公允地反映财务状况、经营成果和现金流量表示意见"②。这时候的审计已经形成了比较完整的理论体系。

通过查阅各类著作、文献发现，我国的审计理论和实务工作者普遍认可的审计定义是由专职机构和人员，对被审计单位的财政、财务收支及其他经济活动的真实性、合法性和效益性进行审查和评价的独立性经济监督活动③。这是对审计含义比较准确的定义，充分说明了审计工作的内涵，明确提出了审计工作的对象和范围，指出了审计目标是对经济活动的真实性、合法性和效益性进行审查和评价，对审计要求更具体化。这个定义最重要的要点是指出了审计

---

① 王学龙，李培根.审计学 [M].甘肃：兰州大学出版社，2007：5.

② 王学龙，李培根.审计学 [M].甘肃：兰州大学出版社，2007：10.

③ 王学龙，李培根，审计学 [M].甘肃：兰州大学出版社，2007：10.

工作是具有独立性的经济监督活动。

（二）内部审计的含义

国外很多著作对内部审计的含义都做出了不同的阐述，比较具有代表性的是国际内部审计师协会和美国著名内部审计学家劳伦斯·索耶对内部审计所做的定义。

国际内部审计师协会在其制定的《内部审计实务标准》中指出"内部审计是一种独立、客观的保证与咨询活动，它的目的是为机构增加价值并提高机构的运作效率。它采取系统化、规范的方法来对风险管理、控制和治理程序进行评价，提高它们的效率，从而帮助实现机构的目标。从内部审计工作实务操作层面定义了内部审计的要求、采取的方法、要实现的目标和审计的范围"①。

美国著名内部审计学家劳伦斯·索耶在其著作《现代内部审计实务》中指出："内部审计是由内部审计师对企业内不同的运营和控制实施系统、客观评价的活动，其目的是确定财务和运营信息的准确性和可靠性、企业所面临的风险已经被识别和最小化、外部规章制度和可被接受的内部政策和程序已经被遵循，从而达到令人满意的运营标准，资源被有效的、经济的加以利用，有效地实现了组织目标。提供管理咨询和帮助组织的成员能更有效地履行治理责任。"②这个含义更加细化，从内部审计师的角度指出了内部审计师的角色、目的、机会和责任，并把《内部审计实务标准》中主要的要求具体化，突出了现代内部审计服务、风险控制等特点。

在国内，中国内部审计协会发布的《内部审计基本准则》将内部审计定义为组织内部的一种独立、客观的监督和评价活动，它通过审查和评价经营活动及内部控制的适当性、合法性和有效性来促进组织目标的实现。③这是在目前通常采用的内部审计定义。这个定义简明扼要，说明了内部审计的范围不仅包括经营活动的评价，还包括了内部控制的审查评价，对内部审计实务操作提出了明确的要求。

（三）高校内部审计的含义

在总结多年审计实践的基础上，2001年国际注册内部审计师协会在《内部审计实务标准》中对原内部审计的定义给出了新的阐述："内部审计是一种独立、客观的保证和咨询活动。审计的目的在于增加组织价值和提高组织的运

① ［美］国际内部审计协会.内部审计实务标准[M].北京：中国财政经济出版社，2001：7.

② ［美］劳伦斯·索耶.现代内部审计实务[M].北京：中国财政经济出版社，2005：9.

③ 中国内部审计协会.中国内部审计规定与中国内部审计准则[M].北京：中国石化出版社，2005：125.

行效率，并通过系统、规范的方法，评价和改进风险管理、控制和治理过程的效果，以帮助组织实现其目标。"①2003 年在审计署发布的第 4 号令《审计署关于内部审计工作的规定》中对我国内部审计的定义是："内部审计是独立监督和评价本单位及所属单位财政收支、财务收支、经济活动的真实、合法和效益的行为，以促进加强经济管理和实现经济目标。"②对于高等学校而言，内部审计是高校内部审计机构、审计人员对学校及所属单位、部门财务收支、经济活动的真实、合法和效益进行独立监督、评价的行为，以促进学校加强经济管理和实现管理目标。

　　高校内部审计的产生主要有两个方面的原因。一是高校内部管理的需要。高校规模的不断扩大、管理层次的多样化、内部控制职能的强化等都要求设立内部审计机构，并独立于各职能部门之外，对各职能部门、院系（所、中心）等部门的经营活动、管理活动等做出相对独立的监督、鉴证和评价，为学校管理服务。二是来自外部审计和社会的压力，以及国家政策、法规的要求。国家审计的力量难以有效延伸到对高校内部各个职能部门、二级单位的各项经济活动进行监督，很大一部分业务需要内部审计来承担各高校之间学科的竞争、管理的竞争。此外，资金的压力也要求高校建立内部审计制度，加强内部审计工作，将眼光向内，堵塞漏洞，节约成本，强化管理，提高效益。

　　高校内部审计基本目的是对高校内部控制系统进行评价，以确保及时发现高校内部潜在的财务风险和经营管理弊端。内部审计主要以控制系统评价为基础、以相关风险为导向开展各项审计活动。而且，审计内容随着学校的发展、经济环境的变化、学校各项管理制度的发展变化也不断发展、变化。当前高校内部审计的范围不仅指财务活动，也涉及高校各方面的管理活动。③

　　综上所述，高校内部审计的内涵是指在高校主要负责人的领导下，在高校内部设置独立的审计机构，配备专职的审计人员，根据国家有关法律、法规和政策的规定，采用一定的程序和方法，对高校及其下属单位的财务收支及各项经济活动的真实性、合法性、效益性进行审核、鉴证和评价，并提出改进建议的经济监督活动。在高校的内部控制体系中，内部审计具有极其重要而又特殊的地位。从控制系统体系来看，内部审计是内部控制制度的一部分；从内部

---

① 　国际内部审计师协会 . 内部审计实务标准 [M]. 北京：中国时代经济出版社，2004.

② 　中华人民共和国审计署 . 中国财经审计法规公报 [M]. 北京：中国时代经济出版社，2003.

③ 　吴向亭 . 新时期高等院校内部审计的职能和作用 [C]// 中华人民共和国教育部财务司 . 中国教育审计二十年 . 北京：中国人民大学出版社，2006：419-425.

审计的作用来看，它是对内部控制制度的制定和执行情况的监督，是对内部控制的再控制。

二、高校内部审计职能

现阶段，随着我国高等教育的不断深入发展，办学规模和经费逐年增长，而我国高校内部审计的职能也十分丰富。概括起来，高校内部审计基本职能主要有以下方面：

（一）经济监督职能

高校内部审计的经济监督职能，是国家法律、法规所赋予的。《审计署关于内部审计工作的规定》中明确规定："内部审计是独立监督和评价本单位及所属单位财政收支、财务收支、经济活动的真实、合法和效益的行为。"《中华人民共和国会计法》也明确规定："对会计资料定期进行内部审计的办法和程序应当明确。"这些都从法律、法规上明确了内部审计机构作为经济监督主体的地位。目前，我国高校办学规模不断扩大，经济活动日趋复杂，经济管理方式向多样化发展，使得高校领导层不可能直接控制经济活动的各个环节，因此在客观上需要健全内部审计监督机制，达到加强管理的目的。

（二）经济评价职能

国际内部审计师协会（IIA）发表的《内部审计实务标准》认为：内部审计要应用系统的、规范的方法，评价并改善风险管理、控制和治理过程的效果，帮助组织实现其目标。在我国高校中，这一职能在经济责任审计、财务收支审计及内部控制审计评估等审计活动中体现得更加明显。真实、客观的评价，为组织的管理者展现了组织内部管理的现状，为改善管理，及时、正确决策提供了依据。

（三）经济鉴证职能

经济鉴证职能是指审计机构对被审计单位财务收支及经济活动进行检查和验证，确定其财务状况和经营成果的真实性、公允性、合法性，并出具证明性材料文件的职能。

高校内部审计虽然在独立性和权威性方面不及国家审计和社会审计，但在高校内部仍具有相对的独立性和权威性。在一定范围内，它的客观性和公正性还是可信的。所以，一方面它受国家审计的委托，如审计局，或是根据各上级部门的指令，如教委，对本单位、本部门的经济活动情况、经济责任进行经济鉴证；另一方面，它可以接受本单位、本部门领导和有关部门的委托，进行这方面的工作。

（四）审计咨询职能

审计咨询职能主要为实现组织管理的目标，是除监督、鉴证及评价之外的基本职能，能够为被审计的部门提供相应的发展建议及意见。

（五）新形势下的衍生性作用

随着市场经济的不断发展与完善，为了适应高校管理体制改革和提高经济效益的需要，除以上四种基本职能外，高校内部审计职能还有向控制、咨询服务等方面发展的趋势[①]，因此衍生出以下五大作用：

1. 防腐促廉

高校内部审计是防腐促廉的重要手段。加强高校内部审计，有利于高校领导干部廉政自律，推进廉政建设，从源头上预防和治理腐败。

2. 堵塞漏洞

差错纠弊，堵塞漏洞，是高校内部审计在新形势下衍生出的作用。加强高校内部审计，有利于堵塞资金资产管理中的漏洞，纠正违法、违规问题，防止高校资产流失，保障资金合规、有效使用。

3. 防范风险

高校内部审计是风险管理的一道重要防线。市场经济不可能没有风险，高校内部审计可以从降低、防范风险的角度揭示风险所在，加强领导参谋，加强风险控制。

4. 增值服务

提高高校的经济效益是内部审计工作的重心。高校内部审计不仅要做好保证服务，还要做好咨询、参谋服务。加强高校内部审计，有利于提高经济效益，为高校提供增值服务。[②]

5. 完善管理

高校内部审计是部门单位完善管理的重要推动力。加强高校内部审计，有利于各部门、各单位改进管理方式，完善制度建设，提高管理水平。

[①]　李骏修，沈国强.教育审计工作手册[M].上海：上海社会科学院出版社，2009：2-3.

[②]　李骏修，沈国强.教育审计工作手册[M].上海：上海社会科学院出版社，2009：4-5.

第二节　高校内部审计发展过程

高校内部审计是国内内部审计的重要领域。高校内部审计的发展历程同国内内部审计的发展历程是紧密相连的。高校内部审计工作从产生到发展经历了酝酿、提出建立、规范、进一步完善四个阶段。

一、高校内部审计酝酿阶段（1985 年以前）

1985 年以前，高校内部审计尚处于酝酿阶段。在这一时期，国家没有明确的关于高校内部审计相关的规定，也没有明确提出高校需要建立内部审计；高校没有内部审计的概念；全国各地高校的内部审计机构尚未建立，尚未配备内部审计人员；高校内部审计工作缺乏相应的法律法规和内部审计制度保障。

这一时期，高校内部审计工作有待规范，急需建立科学化的管理思路。这阶段高校的内部审计有这样的特点：高校的经济运行管理缺乏监督，由高校的财务部门人员对会计报表、会计账簿、会计凭证、发票等进行稽核、复查工作，财务部门自己管理自己、自己审核自己，存在极大的风险，需要一个独立于财务部门之外的职能部门对财务部门的经济活动进行监督。

二、高校内部审计提出建立阶段（1985—1994 年）

通过查阅各类论文、文献等资料，可知推动高校内部审计建立的原因有两方面。一方面，高校的发展，特别是校办产业经济的发展，使高校的财务运行管理更加复杂。这就需要在高校内部建立内部审计，对高校内部财务运行及二级经济实体的经济运行实施监督，以满足高校领导层对财务运行的监督管理需要。另一方面，国内内部审计的建立和发展在客观上也要求尽快在高校内部建立高校内部审计。鉴于以上两点原因，1985 年 2 月 26 日，教育部根据国务院颁布的《关于审计工作的暂行规定》制定并发布了《关于转发〈国务院批转审计署关于发展审计工作几个问题的请示的通知和组建机构、开展审计工作的通知〉》（教审 1 号），正式对部属各高等院校、直属企事业单位组建内审机构和审计人员的编制提出了明确的意见，要求在高校内部建立内部审计机构和配备相应审计人员，为高校建立内部审计机构和配备人员提供了法律依据。12 月 31 日，国家教委发出了《关于直属高等学校内部审计工作的暂行规定》，对委属高校内审机构的地位、主要任务、职权和工作程序做了明确规定，为高校内部审计机构的建立和人员配套提出了具体的要求。

在这一时期，高校内部审计建立，并开始走上科学化发展的道路，主要表现为：首先，高校内部审计制度开始建立，如国家教委制定颁发了《关于直属高等学校内部审计工作的暂行规定》等；其次，高校内部审计机构逐步建立健全，并配备了相应的内部审计人员。据中国教育系统审计工作年鉴统计，至1993 年底，大部分部属高校都建立了审计机构，部分省（区）市教育部门和地方高校也设置了审计机构，配备了专职审计员。这一时期高校内部审计主要表现为：首先，建立内部审计是为了符合国家上级主管部门的要求。很多高校审计机构挂靠职能部门，人员为兼职人员。其次，高校内部审计没有相应的实务操作标准或规范，各个高校对于具体应该如何开展工作，以及审计工作的范围、审计工作的原则、审计工作的流程等实务操作层面的问题尚感迷茫，处于探索阶段。最后，高校内部审计开展的审计业务比较简单，审计事项大部分是一些小型的、比较零星的财务审计，如对校办产业资产负债情况、收入支出情况、利润分配情况等进行简单审计。内部审计机构缺乏独立性和权威性。内部审计在高校建设中没有充分发挥作用。

三、高校内部审计规范阶段（1995—2003 年）

根据审计署于 1995 年发布实施的《关于内部审计工作的规定》，国家教委于 1996 年 4 月发布了《教育系统内部审计工作规定》，对高校内部审计机构和审计人员、内部审计机构的职责和权限、内部审计的工作程序、法律责任等进行了全面、细致的规定。

在这一时期，高校内部审计工作开始规范，内部审计工作程序、职责权限、机构设置等更加科学化。其主要有以下表现：首先，建立健全了一系列高校内部审计制度。国家教委从 1994 年开始陆续下发了《委属院校校办企业厂长、经理离任审计工作规定》《国家教委直属高校科研经费决算审签办法》等一系列制度建设文件，并于 1997 年印发了《教育系统内部审计准则》，使得各高校内部审计工作基本上能做到有章可循，审计质量和效率明显提高。其次，高校内部审计范围进一步扩大。随着高校的基本建设资金投入日益加大，资金运行管理工作日趋复杂，项目招标、物资采购等活动涉及的金额越来越大，高校管理层对内部审计工作越来越重视，高校内部审计的范围扩大到对基本建设工程、项目招标、物资采购等经济事项的监管，范围划分更加科学。最后，高校内部审计上级主管机构也发生了变化。教育部原审计局由审计署的派驻机构调整为派出机构，国家审计机关不再直接管理教育审计，教育审计归属教育部财务司管理。这个变化使高校内部审计同教育部的联系更加紧密，凸显了高校内部审计为高校服务的特性。

四、高校内部审计的进一步完善阶段（2004—2010 年）

根据《审计署关于内部审计工作的规定》（审计署令第 4 号），教育部于 2004 年制定了《教育系统内部审计工作规定》（教育部令第 17 号），该规定明确了新形势下高校内部审计的任务和目标，进一步完善了高校内部审计工作程序，对内部审计的机构设置形式、审计范围、审计程序、审计职责、审计权限等方面如何适应市场经济和教育改革的需要都做了新的表达，为高校内部审计的发展奠定了更加坚实的基础。在这一阶段，高校内部审计在高校教育资金管理中发挥着至关重要的作用。

审计工作在这一阶段越来越受到党和政府的重视。党的十七大文件明确提出"要完善制约和监督机制，保证人民赋予的权力始终用来为人民谋利益，确保权力正确行使，必须让权力在阳光下运行。要坚持用制度管权、管事、管人，建立健全决策权、执行权、监督权既相互制约又相互协调的权力结构和运行机制""重点加强对领导干部特别是主要领导干部、人财物管理使用、关键岗位的监督，健全质询、问责、经济责任审计、引咎辞职、罢免等制度"。①对审计工作的要求出现在党的十七大文件中，说明了党和政府对审计工作的高度重视。这一时期高校内部审计的显著特点是审计机构独立性增强。大部分高校审计机构从合署办公调整成为独立办公，审计人员的知识结构逐步完善，开始全面开展对工程建设、物资采购、资产管理、项目招标等经济事项的审计工作。高校内部审计在机构设置形式、审计职责、审计权限、审计程序等方面经过长时间的积极探索和实践，已经比较完善，在促进单位加强经济管理和实现组织目标方面的作用日益加强。

五、新形势下高校内部审计的发展（2010 年至今）

随着我国高等教育事业的飞速发展，高校办学规模不断扩大，业务范围越来越广，高校管理的广度和深度也越来越复杂。在此背景下，高校的内部审计工作的创新与发展就显得尤为重要。

党的十九大报告明确提出我国进入中国特色社会主义新时代，系统阐述

---

① 环球在线 . 胡锦涛在党的十七大上的报告 2007-10-25. http://www.chinadaily.com.cn/hqzg/2007-10/25/content_6205616.htm 引用时间 2020-12-04.

了习近平新时代中国特色社会主义思想，对新时代推进中国特色社会主义伟大事业和党的建设新的伟大工程做出了全面部署，为当前和今后一个时期内部审计的发展确立了目标、指明了方向、提供了保障。

新时代下，如何以党的十九大精神为引领，创造性地开展内部审计工作，将内部审计工作放到中国特色社会主义新时代的大背景下来思考和谋划，自觉服务于所在组织，深化改革，推动组织高质量发展；自觉融入党和国家监督体系之中，建立健全内部审计管理体制，促进组织强化监管、完善管理，从而推动新时代内部审计的创新发展，值得每一位高校审计人深思。新形势下，高校内部审计的发展呈现以下几个特点：

（一）坚持以新时代中国特色社会主义思想为指导，引领高校内部审计创新

习近平总书记在中央审计委员会第一次会议上指出，要深化审计制度改革，解放思想、与时俱进，创新审计理念，及时揭示和反映经济社会各领域的新情况、新问题、新趋势。[①]

对于高校而言，内部审计创新，首要任务是创新审计理念，以新时代中国特色社会主义思想为指导思想，设计创新审计理念，引领高校内部审计建设创新。

其一，明确新时代审计工作的方向，牢记审计工作的职责和使命，改进高校内部审计工作方式，促进审计工作进程的发展，开创高校内部审计工作新局面。

其二，将高校内部审计的监督与服务同向发展。高校的内审工作应服务于高校内部的经济化建设，使监督成为高校做好内部管理工作的前提，以优质的服务理念和服务效益促进高校健康发展，把监督作为过程服务的手段，把服务作为审计全过程的最终目的，达到二者的有效统一。

其三，将管理与效益并驾齐驱。高校的内部审计工作是对高校经济管理活动的深化管理，也是对高校内部经济管理活动控制的加强，过程创造价值，也体现活动过程，是一种增值性经济活动。

（二）建立健全内部审计监督机制和管理体制

党的十九大提出，改革审计管理体制，组建中央审计委员会，是加强党

---

① 新华网．习近平：加强党对审计工作的领导．2018-05-23．http://www.xinhuanet.com/politics/leaders/2018-05/23/c_1122877538.htm 引用时间 2020-12-04

对审计工作领导的重大举措。① 落实党中央对审计工作的部署要求，加强全国审计工作统筹，优化审计资源配置，做到应审尽审、凡审必严、严肃问责，努力构建集中统一、全面覆盖、权威高效的审计监督体系，更好地发挥审计在党和国家监督体系中的重要作用。

积极贯彻十九大精神，高度重视内部审计机构审计规范化建设工作，根据相关法律法规和审计准则，结合高校实际，推动制度创新，不断建立健全内部审计制度体系，以规范化管理保证内部审计工作的高效和精确，增强审计及监督合力。加强审计工作，保障依法独立行使审计监督权，特别是重点领域、重点项目、重点资金的审计监督，是内部审计管理制度改革的重要动力之源。

（三）加强审计队伍建设，提高内部审计人员的综合素质

新时代下，高校在快速发展的同时，对内部审计人员提出了更高的要求。高校应围绕人才强校要求，加强内部审计队伍建设。

首先，审计人员应提高政治站位，树立大局意识，加强政治素质教育、职业道德教育和工作作风教育，建立一支新型高校内部审计团队。

其次，健全内部审计人员职业发展规划，加快"复合型"人才的培养。做好高校内部审计工作，内审人员应全面提高专业技术能力和整体素质，熟悉内审工作各个环节，改善知识结构，提升自我的工作修养和个人素养。

最后，拓宽专职人员选拔渠道，提高审计队伍整体素质。通过购买社会中介服务，人事代理劳务公司面向社会招聘审计人员，聘任临时审计人员，解决人才短缺问题，激发审计人员活力；建立健全审计培训教育机制，提升审计人员业务能力；强化审计锻炼，推进审计创新水平提升，建立健全审计机构绩效考核制度和竞争激励机制，积极推行审计职业化建设。

（四）改进审计工作方法，加强高校内部审计工作信息化建设

大数据、云计算的高速发展，带动了国家电子政务的迅猛发展。这就要求审计部门努力适应、快速跟进，加快自身信息化建设步伐。在信息化快速发展的背景下，传统的审计方法已不能满足审计工作的需要。审计部门需要依托现代信息和方式，积极开展联网审计，获取更多、更有效的相关资料信息，实现对各类信息的综合分析；实现对重大问题、管理漏洞、突出矛盾及潜在风险的揭示和评估；实现审计信息向执行系统的快速反馈和整改跟踪，从而向决策系统及时提出完善体制机制的建议，实现高校良好发展。

---

① 新华网．习近平：加强党对审计工作的领导．2018-05-23. http://www.xinhuanet.com/politics/leaders/2018-05/23/c_1122877538.htm 引用时间 2020-12-04

第三节　高校内部审计主要内容

一、高校内部财务收支审计

精准掌握高校内部审计的主要内容，首先要了解内部财务收支审计的概念及内容。内部财务收支审计是指在单位内部，审计机构对被审计单位财务收支，以及有关经济活动的真实性、合法性、效益性进行的审计监督活动。[①] 财务收支审计是最基本的审计类型，本身也是一个综合性的审计类型，其审计内容主要有以下几个方面：财务管理及内部控制制度的合规、健全、有效性；预算管理的情况，如预算编制的原则、方法和程序是否合法、合规，收入、支出是否全部纳入预算并按预算执行，预算调整是否合理、合规并按程序办理，收入和支出预算执行结果如何及出现差异的原因，等等；收入情况，即各项收入是否统一管理、统一核算，是否及时足额到位，核算是否合法、规范，收费项目、标准和范围是否合法、合规，有无擅自增加收费项目、扩大收费范围、提高收费标准等乱收费、乱集资等的问题；财务支出的真实、合法、效益性，如各项支出是否真实、合规，专项资金是否专款专用、有无挤占挪用等问题；专用基金的计提、管理是否合规，使用效益如何；资产采购、管理、使用是否合法、合规及效益性；结余分配的合法、合规性；负债的核算及管理是否合法、合规，负债是否及时清理；财务决算报告的真实性、完整性，数字填列的准确性。

在此基础上，可以科学地定义高校财务收支审计：内部审计机构依法对学校及其所属独立核算单位各项资金的筹集、管理和使用，以及财产物资管理、使用的真实、合法和效益进行的审计监督。

高校内部财务收支审计关注的具体目标为以下六点：存在或发生，即资产负债表上资产、负债和所有者权益确实存在，利润表所列的各项收入和费用确实发生；完整性，即发生的所有交易和业务均按照规定记入有关账簿；估价与截止，估价指财务会计报告中各个项目所列金额均正确地估计和计量；截止指所有经济业务均按照规定准确地记录于恰当的会计期间；准确性，即各项交易准确地记入相关账户，交易金额和账户余额记录准确；权利与义务，即资产

[①] 李三喜.财务审计精要与案例分析 [M].北京：中国市场出版社，2006.

负债表上资产、负债确实为企业所有或者所欠；分类与披露，分类指对所有的项目和金额进行恰当的分类；披露指财务会计报告恰当地反映账户余额或发生额，披露所有应该披露的信息。

高等学校财务收支审计的目的是促进学校及其所属单位贯彻执行国家财经法规，加强资金和财产物资的管理，提高使用效益。现阶段对于学校财务预算的管理已经成为高校财务管理部分的重要内容，切实加强高校的预算管理，充分调动学校内部的各种积极性，是实现高校内部有限资源的优化配置和提高资金使用效益的重要任务。

根据相关规定，高校财务收入审计内容为：高校的各项收入，包括财政补助收入、上级补助收入、事业收入、经营收入、附属单位上缴收入和其他收入是否统一管理、统一核算，是否及时足额到位，有无隐瞒、截留、挪用、拖欠或设置账外账、"小金库"等问题；收费的项目、标准和范围是否合法并报经有关部门批准，会计处理是否合法、合规，有无擅自增加收费项目、扩大收费范围、提高收费标准等乱收费、乱集资等问题；在事业收入中，是否按照国家规定将应当上缴的资金及时足额上缴。

根据相关规定，高校财务支出审计内容为：各项支出，包括事业支出、经营支出、自筹基本建设支出和对附属单位补助支出是否真实并按计划执行，有无超计划等问题；各项支出是否严格执行国家和上级主管部门有关财务规章制度规定的开支范围和开支标准，有无虚列虚报、违反规定发放钱物和其他违纪违规问题；专项资金是否专款专用，核算是否合规；各项支出所取得的效益如何，有无损失浪费等问题。

对高等学校结余及其分配进行审计的主要内容是经营收支结余是否单独反映，会计处理是否合规和结余分配是否符合国家的有关规定，有无多提或少提职工福利基金等问题。财务收支审计是广泛开展的审计项目，为高校资产的保值、增值起了很好的作用。

二、高校内部领导干部经济责任审计

经济责任审计是以领导干部所在的单位或者部门的财务收支为基础，通过对领导干部任期内经济指标的完成情况、做出的重要经济决策情况、执行国家财经法规情况及个人遵守廉政纪律情况等方面的审查和考核。通过内部审计部门开展的领导干部经济责任审计，可以客观、公正地评价干部在任期内的业绩，指出存在的问题，分清对存在问题所应承担的责任，判断该领导干部是否具有从事经济工作所必需的政治素质和决策水平，也能够正确地评价领导干部是否正确履行其经济职责、是否严格执行财经法规、能否提高单位经费的管理使用效益，从而为组织人事等部门考核、提拔和任用干部提供重要的参考依据，也为是否需要进一步加强和规范单位的财经管理提供了有利的证据。

经济责任审计的形式分为届中审计、届满审计和离任审计三种方式。届中审计是指任职期间进行的经济责任审计；届满审计是指任职期满后进行的经济责任审计；离任审计是指因为调动、辞职、免职、撤职、离退休等离开本工作岗位所进行的经济责任审计。经济责任审计的对象：各学院、处（室、部）主管经费的负责人，以及校内经济实体的负责人。

近几年来，随着财政制度的改革，各所高校的专项经费逐年增加，应通过内部审计对资金的使用情况进行全面的监督和评价，特别是要注重对专项资金使用效果的绩效审计，以保证财政资金的使用安全性，提高资金使用的效益性。

领导干部经济责任审计主要由准备、实施、评价和报告四个阶段组成。[①]

领导干部经济责任审计准备主要是指审计机构在年底审计项目计划业经批准之后，由审计业务部门在具体实施对单个经济责任审计项目的审计工作前所做的各项准备工作，主要由经济责任审计立项、组成经济责任审计组、进行经济责任审前调查、初步了解被审计单位及被审计人的情况、执行初步分析性复核、初步确定重要性水平、分析审计风险和确定审计策略、编制经济责任审计方案、送达审计通知书、提出书面承诺要求等步骤构成，是领导干部经济责任审计很重要的初始阶段。

紧接着就进入审计人员围绕审计目标，进行符合性测试和实质性测试的经济责任审计实施阶段。在这个阶段应该把经济责任审计的复核性测试和内部控制建立健全和执行情况结合起来审计，并且还要根据被审计单位（部门）具体的情况进行分析，对审计结果进行记录，明确所审计的事项与被审计的领导干部存在怎样的关系，查证取证，为做出审计评价和编制审计报告提供有力的依据。

根据审计工作底稿所得出的审计评价则是整个审计中被审计人员和委托人十分关注的焦点。而审计评价也是关系到审计工作质量和风险的重要环节。因此，审计人员必须针对本次领导干部经济责任审计的特点，在对审计事项进行核实的基础上，分清有关经济责任的界线。这样才可以对本次审计的领导干部经济责任做出一个正确的评价。而最终的审计报告则是水到渠成，是对本次

---

① 李三喜.财务审计精要与案例分析[M].北京：中国市场出版社，2006.

领导干部经济责任审计工作成果的总结的书面形式，对内、对外都是十分重要的书面材料，应当留存。

领导干部经济责任审计的主要内容：贯彻执行国家有关财经法规和学校财经制度情况，是否存在违规、违纪和违法行为；财务账目、物资设备等在干部工作移交时，交接手续是否完备、清楚；内部控制制度是否建立、健全、有效；经济决策是否按规定的程序进行，效益如何，有无重大失误；所负责部门的经费使用是否落实收支两条线规定，各项资金的收入与支出使用管理是否真实、合法、体现效益；各项收入是否纳入学校财务统一核算，有无隐瞒、截留、私设"小金库"行为，有无违规、违纪和严重损失浪费问题；国有资产管理使用及保值、增值情况；基建工程项目、仪器设备的采购是否按规定程序招投标；学校经济实体的资产、负债、所有者权益和盈亏的状况，债权、债务是否清楚，有无纠纷和遗留问题；各类专项经费的管理使用情况，是否做到了专款专用，有无挤占挪用等问题；学校有关部门和审计部门认为需要审计的其他事项。

由于领导干部经济责任审计主要在于对人的审计，因此干部任期结束，经济责任审计终结。审计部门应及时提出审计报告讨论稿，征求被审计单位、被审计人及审计委托人的意见。被征求意见者应在自接到审计报告（征求意见稿）起十日内将书面意见送交审计部门，逾期视为无异议。审计部门在分析、核实反馈意见的基础上，对审计报告进行修订并提交校分管领导审批后，将审计报告送交审计委托部门，同时抄送被审计对象和所在单位（部门）。审计部门对被审计干部任期内组织经济活动的业绩和存在问题，以及遵守财经法规和财务制度的情况，应做出客观、公正的评价，并视情况向学校提出奖惩建议。审计部门应采用对比审查法评价干部在组织经济活动中的业绩，即将审计结果与主管部门的要求相比、与其任期经济责任目标相比、与其任职前后的经济状况相比，力求准确、全面，由此确定出被审计干部应负的直接责任和主管责任。对被审计干部在组织经济活动中存在一般性问题并应承担领导责任的，由学校做出行政处理；对被审计干部和其他人员违反财经法规，或违反党纪、政纪，或触犯法律的，按有关规定移交学校纪检监察部门或送交司法机关处理。

三、高校内部基建、修缮工程项目审计

基建、修缮工程项目审计的开展，主要是为了规范学校建设工程、修缮工程项目（以下简称工程项目）的审计监督与管理，保证工程项目质量，提高资金使用效益。基建、修缮工程项目审计，是指对学校及所属单位以国家拨

款、自筹资金和需要审计的其他资金投资形式进行的建设修缮工程进行审计，具体包括：建筑工程、装饰工程、安装工程、修缮工程、园林工程等，自开始至竣工，对其成本及相关财务收支核算的真实、合法、效益进行的审计监督。

近年来，扩大招生的规模、投资新的基础设施、更新旧的基础设施、扩建校园等使学校处在基本建设的高峰期。如何更好地开展工程建设、维修项目的审计，保证各项工程费用的有效控制，提高工程投资效益，确保工程建设项目中干部优秀、工程质量优良，使工程建设的管理水平向更高层次发展，已成为高校内部审计部门的重要工作。进行基建、修缮工程项目审计必须由工程项目管理部门，将经学校批准的年度工程项目计划送学校审计部门备案。审计部门按照工程的计划和实践进度进行相应审计。由于高校规模不一样，每所高校的项目审计也不同，而不同之处主要在于对基建项目金额大小的规定不同。这样对工程项目的划分定义就不同。

基建、修缮工程项目审计的内容包括：前期工作审计、实施过程审计、竣工结算审计。工程项目前期工作审计包括：参与前期论证、设计阶段审计、招投标审计、工程施工合同审计等。工程项目实施过程审计包括：隐蔽工程审查、设计变更审查、合同履行审查、工程索赔款审查、设备及材料价格审查、工程价款结算审查等。其中，重点开展的工程项目竣工结算审计包括：竣工结算资料是否齐全，编制依据是否符合国家规定；竣工工程内容是否符合施工合同条件要求，工程量计算是否正确；设备与主要材料价格是否符合核定价格，是否执行定额单价；隐蔽工程或重大工序的施工过程，其交验手续及现场验收、签证等相关资料是否完备；合同价款变更计算是否真实、准确，材料价差和结算费用计算是否正确，费用、利润、税金计算是否符合规定。

第三章 新形势下高校财务管理创新研究

第一节 国际高校财务管理创新

本节以美国、英国、德国和澳大利亚为例，探讨其高校财务管理创新的主要做法，兼容并蓄。

一、美国高校财务管理创新的做法

（一）财务管理体制差异化

美国的私立大学采用的是分散型的财务管理模式，即高校获得的大部分经费由其下设的学院直接管理，学校部门掌握的只是各学院上缴的小比例经费，以用于人员工资福利支出、校舍建设维护支出及其他公共支出。二级学院在很大程度上具有办学自主权，在财务上是相对独立的核算单位，是学校的办学实体和管理重心。

美国公立高校一般实行的是集中型财务管理体制，即学校的预算管理、经费来源和支出控制权限集中于校级，院级向学校申请经费，纳入校级预算，学校的预算须报州政府审批后执行。传统上州政府对州立学校实行严格的预算控制，最近几年许多州已经陆续放权给学校，但仍尽可能地进行支出控制。[①]例如，州政府核拨给学校一定的经费限额，但并不将款项直接转付学校，而学校的大额支出需在核定限额范围内向州政府报销。

集中型财务管理体制有利于校级乃至政府的集中管理控制，但不利于院（系）级在预算管理、经费筹集和支出控制等方面的积极性。而分散型财务管理体制虽然有利于发挥各院（系）的积极性，但不利于校级的集中管理。美国有的高校已经意识到这些问题，正在尝试建立责任中心制度，使校级部门和各

[①] 张艳丽.借鉴国外高校财务管理模式加强我国高校财务管理 [J].中国管理信息化，2015（15）：35-36.

院（系）均成为"成本中心"或"支出中心"等，旨在实行有效的预算管理和支出控制，提高经费的使用效益。

（二）宽松、开放的筹资环境

美国高等教育政府拨款所占比例并不大，政府拨款平均占各大学总收入的一半左右。这种现状与我国高等教育基本相似，但政府提供给高校的筹资环境非常宽松。高校可采用的筹资方式灵活、多样。

通过税收政策手段鼓励私人机构向高校捐赠、投资。美国法律规定，任何人向教育捐赠都可以抵扣所得税。该政策本来针对所有形式的教育，但最大的受益者往往是高校，因为高校是培养精英的摇篮，而精英们往往是大多数捐赠的主体。

通过税收优惠降低高校的支出。美国很多州都规定，高校采购可以免交销售税，仅此一项可为高校采购节约 8% 左右的开支。

允许高校发行债券。高校发行债券往往由于其风险相对较小、社会效益高而受民众欢迎。高校发行债券的机制与企业基本类似，能否售出、利率高低都取决于其信用等级。所以，高校往往都很注重自身的信用建设，定期申请信用等级评估，并且利用其信用等级直接向社会发售债券。购买高校发行的教育债券，可以享受税收优惠，这也是高校债券能够发行的一个重要原因。

学费管理充分自主，完全由市场机制决定。美国私立大学的学费标准完全由校方依据教育培养成本决定，不需经过批准；公立大学的学费由学校董事会批准后递送至州政府备案，基本也是学校自主决定的。但与私立大学不同的是，公立大学学费与州政府拨款是有关系的，基本是此消彼长的关系。在没有特别理由的情况下，如果学校提高收费标准，州政府就会酌情减少拨款。所以，学校考虑招生的需要，一般不会随意提高学费标准。

（三）重视支出管理与节约开支

实行严格的采购制度。学校物资采购除零星采购外，一般根据金额的限制，实行多家报价或招标采购。审计机构每年进行审计，确保每一笔交易的合法性。

注重校产的管理和维护，延长资产的使用寿命，减少校产更新支出。例如，很多高校都有红砖砌的房子，它们都是百年前的建筑，但仍然整洁如新，除了房子建设质量好以外，管理维护得好是很重要的原因。学校推行物业管理社会化，水、电、绿化卫生、安全保卫等公开向社会发包，充分利用社会资源，提高管理效率，降低管理成本。

预算控制支出。美国的高校都对支出实行严格的预算控制，除非极其特殊的情况，支出不得超过预算控制数额。在预算收支不平衡、收入无法满足支出的情况下，高校可采取裁减员工、专业、压缩招生规模等办法。在人员支出方面，有的公立学校存在机构臃肿、人浮于事的状况，因此采取聘任兼职教师、临时工作人员等办法，减轻工资、福利待遇负担，以便节约人员支出。

集中采购，控制支出。有的学校为了控制采购支出，实行集中采购的方法。例如，纽约城市大学亨特学院集中采购全院的教学、科研、办公用品、设备及其维修物料。院内各单位需要采购时，需在预算限额内提出申请，报主管校长审批，然后由院级采购部门货比三家，保证优质、低价采购。

建立信息管理系统，提高管理效率，节约支出。例如，2018年哈佛大学和宾夕法尼亚大学积极筹备建立信息网络管理系统，对全校的财务、人事、学生事务等均实行网上管理，以便提高整个学校的管理效率，节约全校的支出。[①] 但这种系统的建设耗资巨大。

二、英国高校财务管理创新的做法

（一）拨款机制

英国的大学绝大多数属于公立大学，高校的办学经费主要来源于政府拨款，高等教育拨款委员会负责把经费分配到各高校。高校收到政府拨款后，按预算直接分配给各二级学院。学院按照所占用的资源，上缴一部分资金给学校，以供学校日常行政经费开支。也有某些高校在收到拨款后，先将预计的行政经费扣除，然后将剩余资金在各学院之间进行分配。

（二）校企合作

英国大学与企业的合作早在20世纪80年代初就开始了。其主要原因，一方面是政府教育经费逐年减少，迫使学校不得不与企业联合，以获得资助；另一方面是学校和企业双方认识到国家的发展取决于国民的教育水平，只有企业与学校紧密结合起来，才能使国家在国际竞争中立于不败之地。企业可以在人才培养和技术开发与转让等领域利用大学的优势，而大学则可以使研究人员扩大视野、提高专业水平，并增加经济收入。双方有了共识，在政府政策的支持下，大学与企业的合作进展得很快，并取得了一定的成果。英国政府为加强大学与企业合作所采取的政策措施主要有以下方面：

（1）鼓励大学从外界开拓资源。

（2）积极推进私人投资倡议计划。政府希望大学吸引私人基金的投入，以解决教育经费不足的问题。政府建立了私人投资倡议计划处和私人投资倡议

---

① 李小梅.国内外高校财务管理研究综述[J].财会学习，2018（11）：29-30.

计划热线服务，为私人投资者，在教育、培训领域有私人基金项目的机构提供咨询建议、信息服务和帮助。

（3）在税收方面对大学创收给予优惠政策。大学在举办短期课程、管理培训、开展咨询服务、技术转让、科研合同、成果开发、出售专利及开展社会服务等方面所得的收入，凡是用于教学和科研及学校自身发展的，均不需向政府纳税。

（4）建立大学与企业联系的桥梁。英国教学公司、工业和高等教育委员会、多学科研究中心及科学园等构成了大学与企业联系的桥梁。

（三）学生贷款

在英国，学生贷款由政府提供经费，帮助学生解决在接受高等教育期间的生活费用。贷款不是无偿提供的，学生先向政府借款，当他们完成学业工作后有了收入，再还给政府。在英国，无论是公立大学，还是私立大学，大学生只要年龄在 50 岁以下，就可以向政府申领每年 3000 英镑的贷款。这与学生家庭经济状况无关，完全由学生自己决定。除此之外，符合下列条件的学生还可以获得无须偿还的贷款，如残疾、有小孩、路途较远、所学时间比正常时间长的学生。

（四）董事会监督高校理财

在英国，每所大学都是一个独立的主体。大学校长不是由政府任命，而是由社会名流组成的校董事会决定的。校董事会对学校发展、建设、整体管理及教师聘用等负责。每所大学发自己的文凭，全国没有统一的标准。校董事会指派管理人员对学校日常事务负责。一所大学的董事长任期通常为 4 年，可连任，但一般只任一届，以便吸纳新人、发掘人才。校董事会通常有 30 人，包括学术代表、学生代表、商界人士。

在英国，大学和学院是独立的实体，可以自主地从各种渠道筹集资金。但对于高等教育整体来说，英国高等教育拨款委员会拨款、公共资金筹集和学费是高校基金来源的主要途径。英国高校内部的预算安排和管理极为严格。以伦敦城市大学为例，学校成立了由高校教职工和校外的社区成员组成的校董事会。在财务方面，校董事会的主要职责是讨论通过学校的年度预算，监督学校的财务收支情况，听取财务和审计工作的有关汇报，保证学校的财务管理工作符合法律，使学校资金投向符合学校长期发展的需要。为更充分说明英国高校财务的地位和利用资金的情况，以伦敦城市大学国王学院的财务情况做说明。国王学院的管理按照法律要求分为两个部分，即管理理事会和学术理事会。其中，负责财务管理的是隶属于管理理事会下的财务管理委员会。财务管理委员会的职责包括有效管理和控制学院的财务运营，向理事会提供有效管理学院资产和收益的意见并提供财务管理条例的调整意见。财务管理委员会下设投资管理委员会，负责学院运期（一年以上）资产管理。学院院长和财务部负责人是其中的主要成员。按照规定，学院的院长是指定负责人，所有关于财务预算和结算的报告都必须得到院长的批准，但日常财务管理由财务部负责。

（五）科研经费的管理

关于科研经费的管理，各院系不得设立自己的银行账户，所有的收支必须通过学院的账户统一进行管理。科研经费的一个重要渠道是政府拨款，由高等教育拨款委员会下拨的款项必须专款专用。以伦敦城市大学国王学院为例，任何经费进入国王学院前，必须得到学院财务主管、总会计师或者相关负责人的签名同意；每个课题负责人必须提前向财务部门提供该财政年度的签字人姓名及签名笔迹；申请开支人和签名人不能是同一人；超过 1 万镑的开支必须有两个签名人同时签字并必须征得财务主管的同意后才可以实施；资产管理进入每个年度的财务预算和结算；其监督与其他财务行为一起，受到学校内部审计和外部审计的双重监督，同时受到学院理事会的监督和控制。

三、德国高校财务管理创新的做法

（一）集中型财务管理体制

在德国，各大学一般实行"统一领导，集中核算"的财务管理体制，即学校财务部门负责全校的财务会计工作，学校不设二级财务，各系不设会计，所有财务手续由学校财务部门办理，各系通过计算机来了解收支情况，系经费由系主任和教授掌握使用，包括人员经费和办公用品、教学仪器、教学材料及图书资料等费用。在德国，所有学校设备统一由学校集中采购。例如，锡根大学的财务管理体制为高度集中型，全校只进行校级财务核算，系部不设置财会机构，也不配备财会人员，全校近 30 名会计人员全部集中在校财务部；学校的全部财务活动都由校财务部负责，系部不能单独支配资金，而且全部用计算机管理，报账手续也较为简捷。

（二）经费管理与节约开支

在德国，大学通常是由州政府管理的，学校日常经费由州政府核拨。联邦政府对大学的投入主要是土地和建筑物购置及维修。大学的科研机构经费由各学校向联邦政府科研机构总部申请项目，联邦政府科研机构总部根据项目申请情况统筹安排州政府经费分配情况：人员费用根据各大学教授、学生数确定；实物根据人员消耗、占地面积情况而定；对于大的研究计划的费用，由学校向联邦政府科研机构总部申请。学校的基本建设投资纳入联邦和州政府的整个基建计划，具体建筑物的购建或维修所需的经费，视具体情况而定。

在德国，大学面临的问题是联邦和州政府拨款连年减少，特别是在自然科学研究方面，只能寻找新的途径，而途径之一就是向联邦政府科研机构总部申请科研经费。但对社会科学项目来说，获得资助很难，这些学科发展起来很慢，如文科图书馆的建设就是这样，由于经费紧张，图书、资料购置很少，影响专业的发展。解决该问题的办法，就是通过计算机联网减少图书存储，增加与其他部门的联系，通过网络，各系从网上查看资料，节省纸张。

严格管理科研费。科研费的主要来源是政府。高校争取科研费很困难，需经过竞争筛选。科研费统一由学校财务部管理核算，不会发生"体外循环"的问题。学校严格要求项目负责人全面、认真地履行科研合同，按质、按量、按时完成科研任务。如果没有按合同要求做出成果，必将影响学校声誉，学校将难以再次得到这方面的科研经费，因而学校对违约的科研人员会做出严肃处理，直至辞退，严重的还要追究违约的法律责任。

（三）严格的预算约束机制

以锡根大学为例，该校实行非常严格的预算约束机制。该校的预算从编制审定到执行都在严格的约束机制下进行。每年的预算都是在上一年度末，由校财务部根据州政府的拨款标准，结合本校实际情况，编制预算建议书，提交校务委员会讨论通过后，由总管递交给州议会审批。州议会在上一年年底讨论批准后，由州政府按州议会批准的数额分月拨给学校。预算的执行由总管负责和监督。执行过程中的约束机制非常强，一旦发生超预算开支，即出现了赤字，总管要被追究法律责任，甚至要被判刑入狱。正因为如此，全校的财务审批权集中在总管一人身上，全校的财务活动在高度集中的管理下运行。

四、澳大利亚高校财务管理创新的做法

（一）高校自主管理与宏观管理

澳大利亚政府十分尊重高校的办学自主权，在财务管理方面，根据责、权、利相统一的原则，对高校实行宏观控制及目标管理，下放权力。各学校享有充分的自主权：学校可根据市场的变化和学校的实际情况自主调整学科专业结构、招生计划；学校可根据各类专业人才市场的需求情况，自主确定学生的收费标准；对于国家拨予的经费，学校可自主使用；学校可自主制定教职工的分配政策。总之，学校在保证国家教育事业任务完成的前提下，拥有高度的办学自主权，真正体现了责、权、利相统一的原则，极大地调动了学校办学的积极性。

（二）多渠道筹资

在澳大利亚，联邦政府通过教育、科学和培训部来直接管理大学，并负责分配联邦政府的教育预算。联邦政府通过向大学提供教学及科研方面的经费，通过"HECS"计划，即高等教育贷款计划，向学生提供贷款以帮助学生缴纳学费及鼓励高校发展海外自费留学生等多种措施，使各高校在政府相关政策的扶持和鼓励下，多方筹措资金，保证了学校教学、科研的发展。

澳大利亚政府认为，高等教育是一种非义务教育。因为受教育者在获得高等教育权利的同时，也为今后获得更多、更好的就业机会打下了基础。大学生享受大学教育，提高了个人能力和水平，这在本质上是一种个人受益的行为。政府对学生的教育成本实行政府和学生共同来承担的政策，规定凡是享受高等教育的本专科学生、研究生必须向学校缴纳一定数量的学费。其收费标准的高低取决于受教育级别的高低，即受教育的级别越高，学费的收费标准也越高。

政府鼓励学校发挥科研水平高的优势，向国家和各部门争取科研项目经费；鼓励学校大力开展各类有偿社会服务；政府鼓励学校加强与企业的联系，通过多种途径获取企业设立的各项基金；政府还鼓励学校兴办产业，支持学校办上市公司、校办工厂，并给予一定的优惠政策。

（三）政府贷款

澳大利亚政府十分重视高等教育的普及，对高校学生实行贷款上学的制度。每个想上大学的人都可以从政府申请一笔教育贷款，用于学习期间的学费和生活费。贷款偿还的办法是在学生毕业参加工作、具有偿还能力时，从工资中逐步扣除。澳大利亚高校学生的贷款都是学生直接与银行联系，办理的手续也非常简单，学校不负任何连带责任。

（四）发挥副校长委员会的作用

副校长委员会是一个由高校自主发起、自愿参加的全国性的民间组织。在澳大利亚，政府和学校双方都很重视发挥这个组织的作用。政府往往通过该组织听取高校对政府教育政策的意见和建议，沟通和协调与学校的关系；学校也通过这个组织研究高校发展中的一些新情况和新问题，向政府反映各种意见和要求，协调行动，维护学校的权益。例如，该组织每年都要针对政府对高校的拨款比例与政府进行协商，并争取政府更多的经费和政策支持。该组织又是政府对高校进行决策的参谋和咨询机构，在政府与学校的沟通中发挥着纽带作用。

（五）政府拨款为主与多渠道筹资

澳大利亚高等教育经费的主要来源为政府拨款，辅之以学费收入、社会捐赠收入、教学科研服务收入等多渠道。

1.政府拨款

通常政府是根据学校不同性质的专业的培养成本、学生人数及其他综合因素来决定对高等学校的拨款总额的。

2.学费收入

由于学费标准是各校自主确定的，而学校的类型不同（公立与私立）、学生的所学专业不同，学生交费的标准也各不相同。例如，在澳大利亚，一般本专科生每年只需交大约1/3培养成本的学费，而商学、法学、医学等热门专业的学生，则要交绝大部分甚至全部培养成本的学费。但对于一些研究性专业或冷僻专业，学校会提供特别奖学金，以保证这些专业有学生学习。

3.有偿社会服务收入

各学校都比较注意利用本校的智力、技术、设备条件等优势，积极为社会开展科研项目、科技开发、科技咨询、教育培训等方面的有偿社会服务活动。有的学校还兴办经济实体，以增强学校的经济实力。

4.社会捐赠和赞助收入

主要是来自社会团体、校友、私人的各项捐赠和赞助等。近年来，澳大利亚政府对高校的投入占总收入的比重呈下降趋势，学校自筹经费的比重上升较快。

5.留学生学费收入

澳大利亚高校提出教育国际化的口号，注重国际教育市场的开拓，积极开展国际交流，大力招收外国留学生，使得留学生占整个学生的比例逐年提高。在澳大利亚，留学生主要来自中国、新加坡、马来西亚、印度尼西亚、印度、泰国、朝鲜、日本、美国等80多个国家和地区，主要学习商业、管理、经济等。在澳大利亚，留学生的收费标准一般高于培养成本，所以学校可从中获取一定的利润。因此，留学生教育已成为澳大利亚高校收入的重要来源。

（六）成本与效益管理

澳大利亚的高校资金来源与我国教育部直属大学比较类似。各高校实行严格的财务预算管理制度，学校资金的安排和使用与自身的发展战略相关。澳大利亚高校的财务支出结构主要分为两大类：日常运行支出和项目支出。日常运行支出主要包括以下几个方面：与教学活动有关的支出，包含教学人员的工资、教学业务费用等；与科学研究活动有关的支出，包含研究人员的工资、研究材料等费用；与管理及服务保障系统活动有关的支出，包含学校管理部门人员的工资和运行费用、后勤保障系统的运行费用等。项目支出主要包括设备购置、房屋建设和修缮等专门项目的开支。澳大利亚高校的日常运行支出所占比例较高，而项目支出的比例相对较低。这与该国高校的规模相对比较稳定、基础设施相对完善有关。

　　澳大利亚的高校普遍比较重视学校办学资金的使用效益问题。它们主要采取的措施是通过系统、严格的财务预算管理，来保证学校发展目标的顺利实现。大多数学校均将具体的教学研究单位（如学院、研究中心等）作为成本中心，在规定其目标、任务的前提下，将相应的费用限额下达到各教学研究单位，包括教师的工资及日常运行费用。这样既鼓励各下属单位努力开拓财源，又有效地控制了费用支出。澳大利亚的高校普遍采用大型的应用软件来辅助学校资源的分配，如悉尼大学的资源分配模型等。通过运用这些应用软件，学校的财务管理和资金使用更加科学化。

第二节　合理引入现代企业财务管理模式

　　现代企业财务管理是企业管理的重要组成部分，基于企业再生产过程中客观存在的财务活动和关系而产生，是组织资金活动、处理各方面财务关系的经济管理工作，是对企业再生产过程中价值运动所进行的管理。

　　正所谓博采众长，本节通过比较现代企业财务管理和高校财务管理，指出现代企业财务管理的引入价值，提出高校财务管理创新引入现代企业财务管理的可行性、困难性。

一、现代企业财务管理的引入价值

　　随着高校的发展与社会发展进程更加融合，在高校财务管理中引入现代企业财务管理具有广泛的价值。

（一）促使高校建立科学的财务预算体系

　　高校的财务预算只是在经费使用上的简单归集，没有采用全面预算的概念，编制的预算的可行性和执行的效果都不明显，而且预算的编制受着《高等学校财务制度》中预算编制方法的制约，不能真正反映后继年度的资金使用情况和需求情况。编制不科学造成了预算执行上和会计核算上的困难。现在高校的财务报表之所以用一个"编"字，就是因为预算的可行性差。高校财务预算受到自身不合理预算编制的制约，前期缺乏充分的数据分析和可行性论证，导致执行效果极差。引入企业财务管理手段能够促使高校建立科学的财务预算体系，发挥预算的整体调控作用。在预算体系中引入资金的时间价值概念，可以真实反映高校资产的运作成本，能客观反映出高校的工作重点和发展方向，更为客观地反映财务现状，为高校的持续发展提供可靠依据。

（二）提高高校决策层加强财务控制的意识

由于高校财务高度的自主权，资金的流向和使用也具有高度的随意性。加强财务控制意识，在现阶段高校普遍存在经费紧缺的状况下具有更突出的正面意义。采取严格的财务控制能够把握资金的流向和使用，有助于推动高校阶段性发展目标的成功实现。

（三）促使高校自主建立自身的资金业绩考核体制

由于高校教育的特殊性，高校的业绩考评是以看不见的人才培养和社会价值来体现的。而所有者（国家）的管理缺位，使高校基本上没有工作业绩考核。高校教育的社会价值是无形的，因此高校业绩考评显得无所适从，特别是资金使用层面的考核体系至今尚未完全形成，以至于大量高校资金悄然流失。这就需要运用企业财务管理手段来逐步建立考评体系，从而保证资金的有效运用。

（四）建立高校资金风险意识和风险管理机制

高校财务风险是指高校在运营过程中因资金运动而带来的风险，集中表现在预算收支不平衡、资本结构不合理等方面。高校对风险认识不足，融资渠道狭窄，负债投资项目回收期长、收益不稳定等是引起高校财务风险的主要原因。高校借鉴企业的风险管理制度，能有效地避免财务风险，从而形成良好的发展局面。

（五）现代企业财务管理涉及面广

从企业内部来看，企业的采购、生产、销售都要有财务管理人员的参与。财务管理人员给每个部门制订合理的财务资金应用计划，使这些部门在提高资金使用率方面接受财务人员的指导，受到财务管理部门的监督和约束。从企业生存的外部环境来看，企业在市场上进行投资、理财等行为时必须要有财务管理人员的参与。财务管理涉及企业的各方面，对于企业的运行有重要作用。

（六）现代企业财务管理综合性强

作为一种价值管理，现代企业财务管理涉及企业如何进行筹资、如何保证投资价值最大化、权益如何分配和成本如何控制等，它是一项综合性较强的财务管理活动。财务管理部门通过对资金收支平衡和资金链流动的分析，可以准确地了解企业的运行状况，可以通过价值管理形态进行商品管理。财务管理涉及企业的各个环节和部门。企业可以通过财务管理协调和管理企业的生产经营活动。

二、引入现代企业财务管理的可行性

在此，从经济学视角、企业财务管理目标视角、非营利性与营利精神视角这三个维度，分析高校财务管理创新引入现代企业财务管理的可行性。

（一）经济学视角

改革开放以来，在国家政策的扶持下，我国企业发展迅速，这与其财务管理水平的逐步提高有着千丝万缕的联系。随着国际贸易合作的加强，企业财务管理水平无论在理论方面还是在实践操作方面，均取得了一定的成果。现阶段企业财务管理的主要研究方向是如何进一步取得创新，以保证企业在国内市场竞争乃至国际竞争中取得一席之地。高校蓬勃发展以来，我国教育体系得到进一步完善，但是其财务管理水平却未与其发展同步，对现行的高校财务危机的产生具有不可推卸的责任。财务管理水平的提高是高校现在需要解决的重要问题。

（二）企业财务管理目标视角

从目标方面来看，企业财务管理的最终目标为实现企业价值的最大化；高校财务管理的目标是在规范财务行为的基础上提高资金使用效率，进一步促进高校事业的顺利发展。企业与高校财务管理的环节基本相同，均包括以下方面：财务预测、财务决策、财务预算、财务控制、财务分析。综合来看，企业与高校财务管理在目标、环节方面基本一致，因此将企业先进的财务管理理念引入高校，理论上具有可行性。

（三）非营利性与营利精神视角

非营利性与营利精神对教育来说并不自相矛盾，非营利性是针对教育的性质而言的，而营利精神是针对教育的经营行为而言的。为了实现组织的目标，非营利组织必须保持良好的财务状况和合理的营利能力，即获取利润几乎对所有的机构组织来说都至关重要。没有充足的财务资源，机构组织一般不可能实现其任务，因此非营利组织的运行管理同样需要有足够的资金来保障，同样不排斥营利行为，而且组织的有效管理恰恰需要营利精神和商业行为。另外，市场导向决定了高等教育不排斥营利行为。既然承认教育市场的存在，那么高校要在教育市场中立足就需要用教育收费来补偿教育成本的支出。因此，非营利性和营利动机两者在理论上并不矛盾，在实践上也并不互相排斥。

三、引入现代企业财务管理的难题

高校财务管理创新引入现代企业财务管理具有可行性，但在具体操作时仍面临一些难题。唯有直面困难，方可发现问题，为解决问题提供先决条件。

（一）财务管理理念意识落后

一方面，高等学校的运作经费来源由过去单一财政拨款转变为财政补助收入、上级补助收入、事业收入、经营收入、附属单位上级收入、其他收入等多种渠道。另一方面，随着办学规模的扩大、办学条件的改善和教职工福利待遇的提高，学校经费收入远远不能满足事业发展需要，而向金融机构融资成为一些学校的重要选择。多渠道筹集经费格局相应地向高校财务管理工作提出了新要求。经费筹集方式的转变使经费在使用上发生了成本，这在高校以前的管理上是没有出现过的。高校的经费使用上列出的项目支出金额，往往不是固定资产的真实价值，核算方式也反映不出该项设施的真实成本。因此，在当前的经济形势下，引入资金的成本意识，是改善高校财务管理的根本。

（二）现代科技水平低下

高校的财务核算方式，是由以前的收付记账式向复式记账法转化而来的。这不仅是简单的记账方式的转变，还标志着高校的核算体系发生了根本的变化。高校的会计业务也由以前的简单反映业务向着财务预测、控制、分析等功能发展。这决定了电算化软件要具备相应的财务数据提炼的能力。高校的财务管理体制，不管是"统一领导，集中管理"还是"统一领导，分级管理"，都要求财务部门的数据能向管理层提供决策的依据。而高校规模的扩张对高校财务提出了更高的要求，学校之间的合并、分校区管理、二级财务管理、无纸化办公的发展等，要求财务软件要能满足网络化的发展，要求一级财务加强对二级财务的控制、监督、指导；高校内部各职能部门和教职员工，要求能够经常查询、核实自身在学校内的财务数据。这些都是在以前财务软件功能的基础上提出的新要求。

高校财务管理信息化的实质，就是学校管理部门通过信息化手段，对财务信息进行有效的集成、整合和优化，将其运用到管理工作中，实现对学校内部各项资源的共享，从而减少重复劳动、提高工作效率。随着现代信息技术的发展，财务管理信息化已成为我国教育信息化之一的高校"数字化校园"的重要组成部分，对于保障学校全面、协调、可持续发展，进而实现高校的总体目标起着相当重要的作用。网络经济发展给高校带来了巨大的挑战，而财务管理信息化是财务管理改革的必然趋势。在校园网络化为财务管理信息化提供技术保障的条件下，从某种意义上讲，财务管理信息化建设是对学校的人、财、物等资源在管理机制、管理理念、工作方式、信息应用等方面进行的一次创新和变革。

（三）财务人员的素质还有待提高

在高校财务业务单一的年代，财务从业人员最重要的素质是要有政治修养和职业道德修养。高校规模的扩大和财务业务范围的变化对新形势下的财务人员提出了更高的要求，重点是在业务素质上提出了更高的要求。对于财务工作人员来说，他们拥有良好的思想素质固然具有重要的意义，但要做好财务工作，仅止于此是远远不够的。财务作为一项专业性很强的工作，必然要求它的从业人员在拥有良好思想素质的同时，必须具有丰富、扎实的专业知识和过硬的业务能力。财务人员只有将两者结合起来，才能成为一名真正优秀的财务工作者。

第一，顺应时势，不断丰富自己的知识。随着社会的进步和经济的繁荣发展，社会经济结构正在发生深刻的变化，越来越多的全新的产业如雨后春笋一样涌现出来，传统的产业也被赋予了新的内涵，同时，各项社会事业也在日新月异地发展，与此相伴随的便是财务工作内容的日益扩展。当今社会的财务工作门类已与传统的财务工作分类不可同日而语，再也不是简单的工业、商业、农业分类所能涵盖的了。它们的内涵既日益细分复杂，又相互融合交叉。这就必然要求财务工作者顺应这一根本趋势，不断地去认识新事物、掌握新知识，以更好地促进经济和各项事业的发展。除此之外，财务工作还具有另外一个特征，面临着另一重大挑战，那就是随着经济和管理科学研究的深化，财务核算的具体规则和方法总是在不断变化更新。有时候，财务工作者经过培训和学习，刚刚开始熟悉一套新的财务核算规则和管理方法，更新、更科学的规则和方法又接踵而至，需要重新学习和更新。这就决定了财务人员必须打破僵化的思维模式，学而不厌，不断地自我提高、自我更新。

第二，拓宽视野，增强决策与管理能力。在高校财务中，财务工作已不再只是单纯地记载账目、现金款项的收支流通，而成为高校管理中非常核心的组成部分，具有越来越重要的地位，对高校的发展有着决定性的影响。一所高校管理水平的高低、能否健康地发展，科研开发、学生培养等固然重要，但财务管理往往更为直接而关键，而且更能反映出一所高校的发展状况和管理水平。因此，财务部门也不再只是单纯的职能部门，被动地接受和履行决策者所赋予的职责，而要积极地参与高校发展的决策工作之中，并在其中发挥重大甚至主导的作用。这就要求财务工作者特别是财务领导者必须彻底摆脱以往那种沉湎于具体事务的狭隘意识，须具有更广阔的视野和前瞻性的眼光，培养、提高自身的决策能力，通过成功的财务管理促进高校长久健康地发展。

第三，与时俱进，紧跟技术进步的步伐。当今社会，计算机及网络技术的发展可谓一日千里，从国际化都市到偏僻乡村，从科研教育到各行各业，都已广泛普及。财务工作也不例外，电子化和网络化已完全取代了传统的算盘、计算器加账本的模式，且呈现出越来越复杂、越来越一体化的趋势。这意味着财务人员不仅要不断学习、更新自己的业务知识，提高自己的能力，还必须要紧跟科学技术进步的步伐，准确、熟练地掌握和运用新的计算机和网络技术，否则同样会被时代的潮流所淘汰。①

四、基于现代企业财务管理的高校财务管理创新

高校财务管理创新引入现代企业财务管理，虽然具有一定的难度，但具有充分的必要性和可行性。因此，在明确高校财务管理创新目标的基础上，可以从理念与观念、体制与机制、技术与方法、内外环境四大方面进行高校财务管理的创新。其中，理念与观念的创新是先导，体制与机制、技术与方法、内外环境的创新是理念和观念创新的具体体现和有效保障。

（一）理念与观念的创新

所谓现代财务管理理念，起源于企业管理，主要目标是实现企业价值的最大化，在高校财务管理中具备一定的指导价值，能够指导高校制订有效的财务管理措施。现代财务管理理念应用于高校财务管理中，能够产生极大的作用。

1. 树立忧患意识、项目风险意识

在调配资金方面，高校要树立忧患意识，审时度势，谨慎使用资金、合理调配资金，为保证财务的正常运转，要留有足够的备用金。在对外投资方面，高校要实地考察、考证，客观地分析评判，充分考虑投资的风险性和成本收益情况。同时，高校要积极组织召开专家论证会，集体论证项目的可行性，不要盲目投入；对于有偿使用的银行贷款，也要有风险意识；根据学校的具体情况和财务的基本状况，充分考虑各银行的贷款优惠政策来确定贷款的份额和贷款期限。

2. 树立办学绩效观念

根据国际高校财政政策的发展趋势，政府对高校的拨款将会更加灵活，更加依赖于中介评估机构对高校办学质量和绩效的评估情况和结果，而社会捐赠也将更多考虑到学校的办学声誉，与企业等机构签订科研合同将更加依赖于学校的科研水平。这就要求高校进一步树立办学绩效观念，提高财务资源的使

---

① 贾发，炫世.提高高校财会人员的素质修养探讨[J].山西大同大学学报（社会科学版），2008，22（4）：109-110.

用效率、效果，不断追求更高的教学和科研质量。只有这样，高校才能不断地提高竞争力，从政府、企业、市场、社会那里获取更多的办学资金。

3.树立新的财务管理理念

财务管理人员要加强主人翁意识，把学校的事当作个人的事，会理财、理好财；在处理财务问题时要合理配置资金，优化支出结构，力争用有限的资金解决更多的问题；同时，要树立开放式的、多样化的理财观，不仅要做好分内工作，还要积极发现问题，提出解决方案。

4.树立成本意识与效益观

高校要合理采用企业的成本模式，即以成本最小化、效益最大化为原则；采取有效的方式，广开渠道，严格控制学校的各项成本，合理调配和使用资金，提高资金的使用效率；对于校庆、社会捐赠等向社会招募资金的活动要大力支持，同时要降低活动成本，建立相应的配套奖励和鼓励政策。

6.树立法人主体观念

筹资多元化是国际高等教育发展的一个必然趋势。高校也从"国家建设型"逐步转变为"法人治理型"，这和现代大学制度所要求的高校自治及实行法人治理是高度一致的。高校财务应具备法人主体观念，协调好高校与政府、高校与社会、高校与市场、高校与高校之间的关系，打破传统上对经费的"等、靠、要"的观念，积极寻求和开拓各种办学资金来源。

（二）体制和机制的创新

高校进行体制、机制的创新要做到以下两点：在宏观上把握机构设置、队伍建设、制度完善等问题；在微观上要落实资金管理、成本核算、预算管理等制度。

在宏观机构设置方面，高校建立与社会主义市场经济体制和学校发展相适应的财务管理体制，建立校长领导下的专业财务管理机构，建立"责、权、利"相结合的财务管理机制，加强对各部门人员的培训、监督和考核，有效落实"统一领导、分级管理"的财务管理体制；同时，还要设立独立的监督机构，完善内部审计制度，做到"时时监督、定期考核"。

在队伍建设方面，高校要有合理的人员配置，建立高素质的员工队伍，实行岗位负责制，加强对财务人员专业素养的培训和职业道德素质的培养，做好财务业务知识的学习和财务法律法规的宣传工作；同时，要定期委派各个岗位的财务人员到专业部门深造、到兄弟院校学习考察，学习先进的管理经验。

在资金管理方面，高校要建立完善的资金管理体制，对资金的结构、状态、效益进行及时的分析和总结，统筹安排、合理规划；做好对货币资金、应收和应付款项的管理，对资金的筹集和使用做出具体规定；对于资金截留和擅自挪用资金的现象，要制订相应的惩罚措施，加大惩治力度。

在成本核算方面，高校要实现财务管理与成本核算相结合，合理使用权责发生制和收付实现制，统一成本核算标准，对预提、待摊费用等做出具体规定；对教学、科研的成本核算方式与对高校所属企业的成本核算方式要尽可能统一，在鼓励教学、科研的同时，也要做好对高校所属企业的扶持。

在预算管理方面，高校要根据学校的具体情况，从学校的长远发展目标来考虑，将财务工作重点与学校的发展方向相结合，制订季度预算、年度预算、长远规划，还要优化预算的结构，对预算进行可行性分析；同时，还要完善预算的监督机制，加大预算的执行力度。

（三）技术和方法的创新

基于高校财务管理在市场经济中出现的问题和企业财务管理的独特优势，如果在高校财务管理中引入企业财务管理手段，能帮助高校提高其财务管理能力，避免资金使用中的风险，同时把高校资产以价值的形式显示出来，能为学校管理层提供科学的决策依据，为高校健康的发展提供坚实的基础。

1.高校财务管理推行责任制

在高校财务管理中，由于没有明确的责任主体，有很多的漏洞，只有明确地划分了各职能部门和工作岗位的具体责任，才能在追究责任时找准责任主体，避免由于责任划分不清导致的相互扯皮的现象发生。对高校财务管理来说，推行责任制能防止资金的乱用，是资金安全的有力保障。

2.高校财务推行全面预算

通过全面预算能够把高校中一切人力、财力和物力以价值的形式进行量化和衡量，根据学校现有资源，利用预算的确定和执行对学校进行全面掌控。全面预算具有目标明确、更细化的操作，能准确、客观地评价高校财务管理者的业绩。因此，在高校中推行全面预算，能使各部门管理者更加明确自己的目标与整体目标之间的联系，进一步激发他们的积极性，提高整体的管理效率。

3.高校财务管理中重视专业人才队伍建设

财务管理对高校的健康运行越来越重要。高校迫切需要懂得财务的专业会计人员对财务进行管理和分析。高校财务管理从业人员应提高自身的业务素质，胜任这份工作。

4.高校建立预算执行考核评价制度

高校财务确立了预算的主导地位，预算之后的方案能否顺利执行将决定着预算的成效如何。为了保证预算的顺利实施，高校财务必须对各单位的预算执行效果进行考核。只有每个单位都按照规定的预算执行和操作，才能确保高校在本年度总体目标的实现。

第四章　高校会计人员管理

高校会计人员担负着学校财务资金有效、安全运行的责任，财务管理水平的高低直接影响着高校的发展，所以高校财务队伍建设显得尤其重要。一支思想、技术过硬的高校会计队伍是高校财务工作顺利进行的保障；加强高校会计人员的职业素质管理是财务管理工作的基础；规范高校会计人员行为是财务管理绩效的条件；强化高校会计人员岗位控制是财务信息质量的前提；预防高校会计人员职务犯罪是财务安全的保障。

第一节　高校会计人员职业素质管理

加强对会计人员的职业素质管理特别重要，其将影响整个财务管理的效果。制度设计和管理得当可以增加经济效益，而制度设计和管理不当则会造成经济浪费和损失。其中，财务管理的水平取决于会计人员职业素质的高低。会计人员素质高，则财务管理水平相对较高；会计人员素质低，则财务管理水平相对较低。会计人员的职业素质包括专业素质和职业道德素质，其中专业素质即会计人员应具备的知识结构、专业技术水平、业务能力等；职业道德素质即会计人员是否自觉遵循财务会计工作的道德标准。会计人员职业素质管理要从会计人员的专业素质、职业道德素质等方面着手，并选拔优秀的财务主管，来带动财务部门整体素质的提高。

一、会计人员专业素质管理

会计工作本身是由一整套准则、制度、流程构成的规范体系。高校财务工作必须具有较强的专业性，需要严格按照财务工作的方法和原则来进行。这对财务工作人员提出了很高的专业技能要求。财务工作人员不仅要获得会计从业资格证，并全面掌握会计电算化等管理和规范，在此基础上，每年还要按规定参加继续教育学习，不断提升自己的能力，将理论知识应用到具体的财务工作中。

（一）高校会计人员的准入条件

1.高校会计人员素质的历史成因

传统的高校财务部门的功能局限于记账、算账，技术含量较低，被认为是不需要专业技术、谁都可以进的部门，成了没有任何门槛的"养人"的地方，是高校解决富余人员就业问题，以及照顾家属、子女就业的场所。

20世纪90年代初，高校开始实行费用分担的缴费上学制度，从单一的财政拨款，发展到财政拨款、学费、捐赠等多渠道收入，而高校会计人员也开始进入了有所作为的时代。到了20世纪90年代末，大学开始大规模扩招，随后进入了前所未有的融资建设大发展时期，遇到的资金问题越来越多，财务部门功能逐步扩大，业务也越来越复杂，增大了会计人员职能的发展空间。

2.高校会计人员的准入条件

现代高校财务管理需要高素质的管理人才。高校在录用会计人员时，应该设置一定的准入条件，但由于道德素质是通过日常行为表现出来的，面试时很难以考试的方式发现，其准入条件一般针对专业素质，虽然有职业道德条件的内容，但也是形式上的要求。高校会计人员的录用条件一般应包含学历、专业、工作经验、年龄等方面的内容。

（1）专业条件。高校财务部门的主要功能为会计核算和财务管理，两者互相联系、互相渗透。核算过程包含管理内容，而管理过程需要核算的数据。高校会计人员既要会核算，也要懂管理。会计人员的专业要求一般为以下几点：会计专业或经济类的其他专业，但必须具备计算机应用的基本知识；系统软件管理和维护人员可以是计算机专业的，但必须具有一定的会计专业基础知识。

（2）学历条件。本科高校培养的是本科以上的人才。一般情况下，高校管理人员应该具备本科以上的学历，否则管理人员的层次与高校培养的人才层次不相适应。高校会计人员是管理岗位的专业技术人员，因此必须具备本科以上的学历。

（3）工作经验。高校的一般会计人员只需要符合学历条件和专业条件的应届毕业生，不一定要有工作经验。会计机构负责人或财务主管应该具备财务工作经验，因为如果是非专业人员，则对会计机构的管理只能是行政上的领导，难以深入专业领域。但在实际工作中，因干部轮岗的需要，部分高校会计机构负责人是从其他部门轮岗而来的，所以不具备财务工作经验及会计从业资格。随着未来高校的发展和管理体制的改革，会计机构负责人专业化将是发展的趋势。

3.新进人员岗前培训和业务指导

会计专业是应用型专业。会计专业毕业生上岗后需要一段时间的实践和适应过程。对新进会计人员进行岗前培训和业务指导，使新进会计人员能以最快的速度胜任岗位工作，是提高会计人员素质的有效办法。一般情况下，高校新进会计人员不是批量录用的，而是一次录用几个人，不适合采用培训班的形式。在管理实践中，高校对新进会计人员采取一对一的业务指导，即挑选业务素质好的优秀会计人员对新进人员进行"传、帮、带"，讲解工作内容和指导具体业务。一般被指导 1～3 个月，新进人员基本上就可以独立工作了。如果由新进人员自己摸索，没有人给予业务指导，则新进人员适应岗位的时间最快为半年或者更长。但在激烈的竞争环境下，怎样让优秀的会计人员传授经验和技能给他人，而又不会有危机感呢？首先要明确"传、帮、带"是一项组织分配的工作任务，不是个人行为和出于个人意愿；其次要给传授者一个荣誉，那就是他们是被传授者的教师；最后也是最重要的是在内部形成一个道德底线约束机制及和谐的工作环境。如果没有和谐的工作环境及会计人员的道德底线约束，则难以实现"传、帮、带"。

（二）高校会计人员素质的培养

高校会计人员被淘汰下岗的情况很少，但怎样让在岗人员主动提高自己的素质呢？归结起来，就是高校要有激励的机制、提高的途径、良好的环境。

1.激励的机制

（1）建立尊重专业人员技术职务的机制。目前，高校仍然是行政化管理体制，因此首先要建立尊重专业人员技术职务的机制。如果对会计人员基本的技术等级身份都不予以认可和尊重，其他一切都无从谈起。一方面，高校要鼓励会计人员参加职称考试，通过考试培养学习习惯、提高业务水平；另一方面，高校要尊重会计专业技术职务，在提拔行政管理职务方面，应该把会计专业技术职务作为重要的参考因素。在同一条件下，专业技术职务的高低标志着个人付出的努力不同，因此应有区别地对待，以激励他们积极进取。

（2）建立技术学术奖励机制。为了最大限度地提高会计人员的技术水平和工作效率，高校应当建立绩效考评制度，开展技术评比活动，对工作表现出色、办事效率高的会计人员给予奖励。为了激励会计人员参与学术活动，在专业论文方面，高校要根据发表论文的质量等级给予一定的奖励；在课题研究方面，高校对获奖的课题组给予一定的配套奖励。

2. 提高的途径

学历教育或进修学习、继续教育培训是提高财务人员素质的有效途径。

（1）学历教育或进修学习。高校会计人员具有其他行业会计人员所无法比拟的优势条件。很多高校在本专科或研究生阶段开设了会计或其他经济类专业，在职参加各类学历教育或进修比较方便。高校应鼓励会计人员在不影响日常工作的情况下，参加各类学历教育，或选送人员进修学习。

（2）继续教育培训。会计类的专业知识更新比较快，因此会计人员必须每年参加继续教育培训，给自己的知识进行一次"更新换代"。继续教育学习是"老会计"跟上新时代发展的有效途径。

除此之外，会计人员还可以进行自学。

3. 良好的环境

环境因素对会计人员整体素质的影响非常大，良好的环境有利于会计人员整体素质的提高。良好的工作环境需要营造，一是由管理者营造，二是由会计人员自己营造。

（1）管理者营造。高校各级管理者应为会计人员营造积极向上、健康进取、团结协作的良好工作环境，使会计人员全身心地投入工作和学习当中。

（2）会计人员自己营造。如果工作环境比较差，可以从少部分业务骨干开始，把风气引向好的方面，然后逐步扩大影响力，最终从量变到质变，改变恶劣的环境，形成健康向上的良好氛围。

（三）高校会计人员知识结构要求

对于从事高校财务管理的会计人员来说，具备会计专业知识只是一个基础。由于会计学是需要会计人员具体操作的微观领域的学科，再加上会计法律法规对会计工作所做的具体约束和规范，高校会计人员如果知识结构单一，则容易形成内敛的个性，让人感觉谨小慎微，做不了大事。有的高校领导往往宁愿提拔一名非专业人员任会计机构负责人，也不愿用纯会计专业的人才，除了政治素质的因素外，主要是因为人才知识结构与高校财务管理的要求存在偏差。因此，一名合格的高校会计人员的知识结构应该是全面的，除了会计专业知识外，还必须具备计算机、管理学、经济学、统计学等其他相关学科的基本知识。

1. 管理学知识

高校财务管理需要运用管理学方面的知识，因此，会计人员必须具备一定的管理学基础知识。

2. 计算机知识

随着电子化的普及和网络时代的发展，现代高校会计核算和财务管理是通过计算机软件和网络来进行的。会计人员如果没有计算机方面的知识，则无法从事高校会计工作。计算机知识是除了会计学知识以外，会计人员必须具备的基本知识。

3.经济学知识

由于会计学是微观领域的学科，为了弥补宏观知识的不足，会计人员需要了解经济学方面的知识，把握宏观经济发展，把微观与宏观知识结合起来，这样才能做好高校财务管理工作。

4.统计学知识

财务管理涉及数据分析。因此，会计人员要了解统计分析方法，必须具备统计学的基础知识。

因此，一名优秀的会计人员必须具备全面的知识结构，成为综合型应用人才。

二、会计人员职业道德素质管理

职业道德素质是高校财务工作人员最根本的素质。会计人员应该具备哪些道德素质呢？《会计基础工作规范》第十七条规定"会计人员在会计工作中应当遵守职业道德，树立良好的职业品质、严谨的工作作风，严守工作纪律，努力提高工作效率和工作质量"，并且从第十八条至第二十三条对会计人员的职业道德提出了以下六点具体要求：

（一）敬业爱岗

会计人员应当热爱本职工作，努力钻研业务，使自己的知识和技能适应所从事的工作要求。

（二）熟悉法规

会计人员应当熟悉财经法律、法规、规章和国家统一会计制度，并结合会计工作进行广泛宣传。

（三）依法办事

会计人员应当按照会计法律、法规和国家统一会计制度规定的程序和要求进行会计工作，保证所提供的会计信息合法、真实、准确、及时、完整。

（四）客观公正

会计人员办理会计事务应当实事求是、客观公正。

（五）搞好服务

会计人员应当熟悉本单位的生产经营和业务管理情况，运用掌握的会计信息和会计方法，为改善单位内部管理、提高经济效益服务。

（六）保守秘密

会计人员应当保守本单位的商业秘密，除法律规定和单位领导人同意外，不能私自向外界提供或者泄露单位的会计信息。

因此，会计人员职业道德素质的核心是"依法办事"，只要依法办事，就不会做假账；同时要会"搞好会计服务"，如果不会搞管理、不懂为提高经济效益服务，那也是一名不合格的会计。一个人的道德修养是通过家庭教育和社会教育逐步形成的，但同等的教育环境下个人的道德修养也存在差异。会计人员的职业道德素质是在其选择会计作为自己的职业后逐步形成的。加强会计人员职业道德教育是培养职业道德素质的最直接、最有效的途径。

三、财务主管的选拔及专业化管理

财务主管对会计机构及会计人员的整体素质有很大影响。因此，财务主管的选拔也是会计人员职业素质管理的重要组成部分。

（一）财务主管对会计队伍整体素质的影响

在高校财务管理实践中，财务主管对会计主流人群的影响主要有四种类型：正向引导型、负面带动型、不闻不问型、混合型。

1. 正向引导型

这种类型的财务主管一般属于高素质的人才。通过主管的榜样效应，会计人员也以成为高素质人才作为自己的努力目标，同时通过主管的业务指导使会计队伍的整体素质得到提高，从而得以产生一批高素质的会计人员。正向引导型主管对会计队伍素质的提高具有积极的影响。

2. 负面带动型

这类主管一般有自己的癖好，而且可以鼓动他人产生与他同样的癖好，使会计主流人群患上同样的"流感"。例如，癖好麻将的主管，有时会在上班时间打麻将，有时会在上班时兴奋地交谈昨晚的战果，带动部分人也跟进交谈，使其他人不得安宁。这类主管的负面影响很大，不但无法提高会计队伍的整体素质，而且可以摧毁整个财务部门的工作效率。由于是主管带头和倡导的，不理智的人跟群，明智的人沉默。

3. 不闻不问型

这种类型的主管一般属于性格内向或自己管自己、不喜欢管别人的人。在这种情况下，会计人员或自由放任，或自我发展。"不闻不问型"主管对会计队伍的素质影响不大。

4.混合型

混合型主管介于这三种类型之间，属于大众化的人员，对会计群体的影响不是特别突出。

（二）财务主管的选拔

高校选拔财务主管，不仅要看其专业素质和能力，还要看其对会计主流人群可能产生影响的类型。

1.担任财务主管的基本条件

《中华人民共和国会计法》第三十八条规定了担任财务主管的条件："担任单位会计机构负责人（会计主管人员）的，应当具备会计师以上专业技术职务资格或者从事会计工作三年以上经历。"

2.专业素质和管理能力要求

《会计基础工作规范》第七条对财务主管的业务素质和能力做了规定："具备会计师以上专业技术职务资格或者从事会计工作不少于三年""熟悉国家财经法律、法规、规章和方针、政策，掌握本行业业务管理的有关知识""有较强的组织能力"等。一般来说，财务主管的业务素质应该是会计群体中的佼佼者，具有让人信服的专业技术水平和政策水平，知识结构比较全面，具有把握全局的组织协调能力。

3.对会计群体影响的类型选择

高校首先应当选择"正向引导型"的财务主管，以利于会计队伍整体素质的提高，创造和形成积极向上的工作环境；其次可选择"不闻不问型"的财务主管，对会计主流群体影响不大，即使没有好的影响，至少也没有坏的影响；最后可选择大众化的"混合型"主管，切不可选择"负面带动型"的财务主管。

第二节　高校会计人员行为规范管理

财务管理机构的会计人员有可能为各种利益所驱动，从而冲破职业道德底线，做出对财务管理不利的行为，使管理机构内部产生风险。为了防范机构内部风险，高校必须建立对会计人员具有普遍约束力的行为规范。会计人员行为规范是指通过对会计人员行为的约束和限制，抑制其不良动机，从而控制可能出现的操纵行为。会计机构和会计人员行为规范表现在"该为"和"不得为"两个方面，以及对"该为不为、不得为而为之"应追究的责任。

一、"该为"的事项

根据《中华人民共和国会计法》的要求和高校财务管理实践，"该为"的事项可归纳为以下几个方面：

（一）进行会计核算

会计核算包括：款项和有价证券的收付；财物的收发、增减和使用；债权债务的发生和结算；资本、基金的增减；收入、支出、费用、成本的计算；财务成果的计算和处理等经济业务事项。会计人员必须填制或者取得原始凭证并及时送交会计机构，根据实际发生的经济业务事项进行会计核算，填制会计凭证，登记会计账簿，编制财务会计报告。

（二）特殊情况说明

高校采用的会计处理方法前后各期应当一致，不得随意变更；确有必要变更的，应当按照国家统一的会计制度的规定变更，并将变更的原因、情况及影响在财务会计报告中加以说明。单位提供的担保、未决诉讼等或有事项，应当按照国家统一的会计制度的规定，在财务会计报告中予以说明。

（三）符合制度规定

会计凭证、会计账簿、财务会计报告等会计资料，必须符合国家统一的会计制度的规定。

高校的财务机构、会计人员必须按照《会计基础工作规范》等国家统一的会计制度的规定对原始凭证进行审核，对不真实、不合法的原始凭证应不予接受，并向单位负责人报告；对记载不准确、不完整的原始凭证予以退回，并要求对方按照国家统一的会计制度的规定予以更正、补充。记账凭证应当根据经过审核的原始凭证及有关资料编制。

高校发生的各项经济业务事项应当在依法设置的会计账簿中进行统一登记、核算。会计账簿登记，必须以经过审核的会计凭证为依据，并符合有关法律、行政法规和《高等学校财务制度》及《高等学校会计制度》的规定。

高校的财务会计报告应当根据经过审核的会计账簿记录和有关资料编制，并符合国家统一制定的关于财务会计报告的编制要求、提供对象和提供期限的规定。向不同的会计资料使用者提供的财务会计报告，其编制依据应当一致。财务会计报告应当由单位负责人和主管会计工作的负责人、会计机构负责人（或会计主管）签名并盖章；设置了总会计师的单位，还须由总会计师签名并盖章。单位负责人应当保证财务会计报告真实、完整。

（四）定期核对账款

高校应当定期将会计账簿记录与实物、款项及有关资料相互核对，保证会计账簿记录与实物及款项的实有数额相符、会计账簿记录与会计凭证的有关内容相符、会计账簿之间相对应的记录相符、会计账簿记录与会计报表的有关内容相符。高校财务机构、会计人员发现会计账簿记录与实物、款项及有关资料不相符的，有权自行处理的，应当及时处理；无权处理的，应当立即向单位负责人报告，请求查明原因，做出处理。

（五）建立会计档案

高校对会计凭证、会计账簿、财务会计报告和其他会计资料应当建立档案，妥善保管。会计档案的保管期限和销毁办法，由国务院财政部门会同有关部门制定。

（六）依法管理

单位负责人应当保证会计机构、会计人员依法履行职责。会计机构、会计人员对于不符合会计制度规定的事项，有权拒绝办理或者按照职权予以纠正。单位和个人有权检举违反会计法的行为。有关部门有权处理的，应当依法按照职责分工及时处理；无权处理的，应当及时移送有权处理的部门。有关负责部门应当为检举人保密。

（七）如实提供资料

根据有关法律、法规的规定，高校必须接受监督检查部门依法实施的监督检查，应当如实地向受委托的会计师事务所提供会计凭证、会计账簿、财务会计报告和其他会计资料。

（八）取得会计资格

从事会计工作的人员必须取得会计从业资格证书。会计人员应当遵守职业道德，提高业务素质。担任单位会计机构负责人的，除了取得会计从业资格证书外，还应当具备会计师以上的专业技术职务资格或者从事会计工作三年以上的经历。

二、"不得为"的事项

根据《中华人民共和国会计法》的要求和高校财务工作实践，"不得为"的事项归纳为以下几个方面：

（一）不得弄虚作假

单位和个人不得以虚假的经济业务事项或者资料进行会计核算。

（二）不得拒绝隐匿

单位和个人应如实提供会计凭证、会计账簿、财务会计报告和其他会计资料，接受有关监督检查部门依法实施的监督检查，不得拒绝、隐匿、谎报。

（三）不得伪造变造

单位和个人不得伪造或变造会计凭证、会计账簿及其他会计资料，不得提供虚假的财务会计报告。

（四）不得私设账簿

会计人员不得违反国家统一的会计制度的规定，不得私设会计账簿进行登记、核算。

（五）不得授意指使

单位负责人不得授意、指使、强令会计机构、会计人员违法办理会计事项。

（六）不得非法要求

单位或者个人不得以任何方式要求或者示意注册会计师及其所在的会计师事务所出具不实或者不当的审计报告。

（七）不得泄露检举人

收到检举材料的部门、负责处理的部门，不得将检举人姓名和检举材料转给被检举单位和被检举人个人。

三、追究责任的事项

根据《中华人民共和国会计法》的规定，对于"该为不为、不得为而为之"应追究法律责任的事项归纳为以下几个方面：

（一）不依法办事行为

（1）不依法设置会计账簿。

（2）未按照规定建立并实施单位内部会计监督制度，或者拒绝依法实施的监督，或者不如实提供有关会计资料及有关情况。

（3）私设会计账簿。

（4）未按照规定保管会计资料，致使会计资料毁损、灭失。

（5）未按照规定填制、取得原始凭证或者填制、取得的原始凭证不符合规定。

（6）以未经审核的会计凭证为依据登记会计账簿，或者登记的会计账簿不符合规定。

（7）随意变更会计处理方法。

（8）向不同的会计资料使用者提供的财务会计报告编制依据不一致。

（9）未按照规定使用会计记录文字或者记账本位币。

（10）任用会计人员不符合《会计法》的规定。

以上行为构成犯罪的，应依法追究刑事责任。

（二）伪造、变造行为

伪造或变造会计凭证、会计账簿，编制虚假财务会计报告，构成犯罪的，应依法追究刑事责任。

（三）隐匿、销毁行为

隐匿或者故意销毁依法应当保存的会计凭证、会计账簿、财务会计报告，构成犯罪的，应依法追究刑事责任。

（四）授意、指使、强令行为

授意、指使、强令会计机构、会计人员及其他人员伪造或变造会计凭证、会计账簿，编制虚假财务会计报告或者隐匿、故意销毁依法应当保存的会计凭证、会计账簿、财务会计报告，构成犯罪的，应依法追究刑事责任。

（五）打击报复行为

单位负责人对依法履行职责、抵制违反法律规定行为的会计人员以降级、撤职、调离工作岗位、解聘或者开除等方式实行打击报复，构成犯罪的，应依法追究刑事责任。

（六）泄露检举人行为

将检举人姓名和检举材料转给被检举单位和被检举人个人的，由所在单位或者有关单位依法给予行政处分。

（七）徇私舞弊行为

财政部门及有关行政部门的工作人员在实施监督管理的过程中，滥用职权、玩忽职守、徇私舞弊或者泄露国家机密、商业秘密，构成犯罪的，应依法追究刑事责任。

第三节　高校会计人员岗位控制

财务机构（会计机构）的内部风险主要来自两方面：一是因会计人员及会计主管业务素质低而发生的差错或失误所带来的经济风险；另一个是会计人员职业道德缺失而发生的犯罪行为所带来的经济损失。这两种风险都跟管理不善和岗位控制不严有关，但经济犯罪比起差错和失误后果更加严重。如何防范犯罪行为的发生与提高会计人员职业素质同等重要。高校应当对人员进行合理的岗位分工，建立会计岗位经济责任制，实行岗位轮岗制度以阻断危害行为的惯性延续；通过设置账务处理程序，使不同岗位之间互相监督，最终达到控制会计行为、降低内部经济风险、防范犯罪行为发生的目的。

一、会计岗位分工管理和控制

（一）会计岗位分类

根据高校财务工作的特点和会计信息化要求，按性质不同可将会计岗位分为以下五类：

1. 行政或业务主管类岗位

（1）会计机构负责人岗位：财务处长、副处长。

（2）会计主管岗位：业务科室科长。

2. 会计核算类岗位

（1）支出审核及制单岗位：原始凭证审核、录入财务电算化系统、生成记账凭证等。

（2）基建项目核算岗位：基建项目原始凭证审核、录入财务电算化系统、生成记账凭证、会计账簿和会计报表等。

（3）会计报表岗位：年终决算报表填报、其他报表填报和财务报告撰写等。

（4）科研项目核算岗位：科研项目原始凭证审核、录入财务电算化系统、生成记账凭证、会计账簿，科研课题结束后填制结题收支报表等。

（5）工资核算岗位：工资造册、发放或转入职工工资卡等。

（6）往来款清算岗位：暂存、暂付款和应收、应付款的结算、清理和管理。

（7）材料核算岗位：对实验材料、教学材料、办公用品、维修材料等进行进出仓核算、盘点等。

3. 资金结算类岗位

（1）现金出纳岗位：现金或现金支票收付。

（2）非现金出纳岗位：转账支票、网上银行电子支票收付，收款发票填制等。

4. 财务管理类岗位

（1）预算管理岗位：预算编制、下达、调整、控制管理。

（2）票据管理岗位：各类票据的申购、领用、核销管理。

（3）收入管理岗位：拨款申请、核对及合同款催收管理。

（4）学生收费管理岗位：学生学费、住宿费、考试考务费、报名费等各类事业性收费及代办费管理。

（5）固定资产管理岗位：固定资产入库登记、报废处理、盘点清查管理。

（6）档案管理岗位：会计记账凭证、账簿、其他会计资料管理。

（7）财务系统管理岗位：财务系统数据库维护、数据备份管理。

5.稽核、复核类岗位

（1）复核岗位：电算化流水作业中的原始凭证和记账凭证核对、付款支票核对等。

（2）稽核岗位：所有财务管理和会计核算工作的抽查、核实。

（二）岗位分离与兼容控制

岗位分工明确后，根据《会计法》和《会计基础规范化》的要求，对不相容岗位进行分离控制，对相容岗位可以进行兼容管理。

（1）岗位分离控制。对不相容岗位进行分离，出纳人员不得兼任稽核、会计档案保管，以及收入、支出、费用、债权债务账目的登记工作。记账人员与经济业务事项和会计事项的审批人员、经办人员、财物保管人员的职责权限应当明确，并相互分离、相互制约。

（2）岗位兼容管理。为合理配置人员、提高工作效率，高校对可兼容的其他会计岗位，可以一人多岗，也可以一岗多人。例如，一人身兼预算管理、收入管理等职务；支出审核及记账凭证制单岗位，由于工作量大，可以一岗多人，安排多个人做同一岗位的工作。

二、会计岗位责任制

会计岗位责任制主要是设置每个会计岗位的职责，并对每个岗位进行年度考核，根据考核结果采取相应的奖惩措施，以实现分工明确、责任落实的控制目标，更好地发挥每名会计人员的积极性和能动性，提高其工作效率和工作质量。

（一）岗位职责的设定

会计岗位职责是指各个会计岗位应该完成的任务及应当承担的经济责任和风险。

1.行政或业务主管类岗位职责

（1）财务机构负责人岗位职责

财务机构负责人的岗位职责大体可归纳为以下内容：负责会计机构工作的职责；财务规章制度的制定、贯彻和监督职责；预、决算工作职责；收支管理职责；协调沟通职责；会计人员管理职责，等等。

①负责会计机构工作的职责，即在校长或主管财务副校长的领导下，全面负责财务机构工作，制订年度工作计划，参与学校经济决策及有关经济协议的拟订，对经济事项进行把关，当好管理层的经济参谋。

②财务规章制度制定、贯彻和监督职责，即贯彻执行《中华人民共和国会计法》及其他财经法律法规、规章制度，根据学校的具体情况制定学校内部财务管理制度和管理办法，督促检查学校各项财务规章制度的执行情况。

③预、决算工作职责，即根据学校教育事业发展规划和《中华人民共和国预算法》的要求，编制学校年度收支预算方案，初步审核学校财务预算编制情况、年终决算及报表编制情况，及时向有关部门及管理层提供财务报表和其他综合性财务资料。

④收支管理职责，即合法、合理地组织各项收入，按照勤俭的原则，节约使用预算经费，对各项支出口径及重大事项支出进行把关，提高经费使用效益。

⑤协调沟通职责，即负责同财政、税务、物价、银行等机构的联络，以及同校内其他部门的沟通协调工作，负责审定对外提供的会计资料，定期或不定期地向校领导汇报财务收支情况，向校内各部门通报本部门预算执行情况；做好各科室、岗位之间的协调工作，使信息上传下达。

⑥会计人员管理职责，即负责会计人员职业道德教育，组织会计人员参加业务培训，为会计人员参加业务培训和自学创造条件，提高会计人员的技术水平和服务质量，实现会计管理科学化；监督检查会计人员履行职责及工作完成情况；应用现代信息技术，实现财务管理和会计核算的信息化、网络化；对本部门的会计工作，实行宏观控制和监督。

（2）会计主管岗位职责

会计主管岗位职责包括以下内容：配合会计机构负责人做好各项业务；协调科室内部各会计岗位的工作；与其他科室进行沟通，协调相关工作；起草与科室业务相关的文件，接受各类检查；承担各岗位考勤统计和会计人员继续教育管理责任，负责做好学校资金筹集的具体工作等。

2.财务管理类岗位职责

（1）预算管理岗位职责：负责编制学校年度预算、预算指标分解下达和预算调整；负责预算凭证的编制、审核、录入，以及各单位的经费卡的制作和管理等工作；配合财务主管做好经费支出管理和部门经费预算控制，检查各预算执行单位的预算执行情况，定期对预算执行情况进行分析；负责二级学院的收入分配管理，以及学校财政专户的上缴、返拨及账务核对工作等。

（2）收入管理岗位职责：负责申请财政预算拨款、核对预算拨款进度，以及各类收入款项的催收和入账工作等。

（3）档案管理岗位职责：负责会计记账凭证、账簿，其他会计资料的打印和装订；会计档案的整理、立卷、归档、查阅等工作；负责文件的签收、处理、装订、立卷、保管、归档工作等。

（4）学生收费管理岗位职责：负责学生学费、住宿费、考试考务费、报名费等各类事业性收费及代办费的管理工作；办理收费标准的申报、收费许可证的变更和年检，保管好收费文件；与招生部门配合，及时获取新生名单，建立学生收费数据库，做好学生收费的入账和数据库管理工作；负责学费的收取、退回，票据打印、发放、统计、催缴，以及收费软件的管理等工作；报告学生收费进展和学生欠费情况；处理学生退学、休学、转专业等情况的学费结算；负责奖学金、助学贷款等的发放；配合学生资助管理中心做好学生助学贷款的相关工作等。

（5）财务系统管理岗位职责：负责财务系统数据库软硬件运行情况的检查和维护，及时排除运行过程中发现的故障，确保系统的正常运行；根据财务软件的特点和学校的财务要求，及时对财务软件进行设置和更新；负责财务处数据及各类电子账表凭证、资料的备份，做好财务电子数据的整档、存档工作等。

（6）固定资产管理岗位职责：负责审核固定资产申购的手续；办理固定资产入库登记、建账、立卡；定期进行固定资产盘点和清查，对报废资产办理报废手续并予以处理；固定资产账与实物的核对，等等。

（7）票据管理岗位职责：负责财政和税务各类发票的申购和管理，校内领用票据的审核和登记，办理使用后的票据核销手续；负责物价、税务部门的年检、年审工作，等等。

3.资金结算类岗位职责

（1）现金出纳岗位职责：负责现金或现金支票的收付，按《现金管理暂行条例》的规定，根据复核人员打印并签章的收付凭证，办理款项收付业务；将每日收入的现金及时存入银行，每日登记现金日记账，日终现金盘点，做到日清月结；做好有价证券的保管等。

（2）非现金出纳岗位职责：负责银行账号和银行支票的管理；做好转账支票、网上银行电子支票的收付工作，并及时记账；每日终了登记银行存款日记账，核对当日收付款项，随时核对银行存款余额，做到日清月结；月末及时对银行对账单进行核对，填制银行余额调节表，及时处理未达账项；负责支票的保管及收款票据填制。

4.会计核算类岗位职责

（1）科研项目核算岗位职责：负责学校科研项目（含纵向、横向科研项目）经费的核算与管理，科研项目原始凭证审核、录入财务电算化系统、生成记账凭证和会计账簿；控制经费的使用和支出，查询科研经费的使用情况；在科研课题结题后，负责填制结题收支报表等。

（2）支出审核及凭证制单岗位职责：严格要求会计人员按照《会计法》《会计基础工作规范》和国家及校内各项财务规章制度，办理会计核算业务；审核原始凭证、录入财务电算化系统、生成记账凭证、打印记账凭证；负责接受内部核算单位的账务查询、业务咨询等。

（3）基建项目核算岗位职责：负责学校基建项目会计审核、录入及相关账户的处理；对基建资金的使用情况提出分析和建议；参与基建项目的招投标、工程项目的预决算工作，参与起草有关基建项目资金支出的财务规章制度等。

（4）会计报表岗位职责：负责编制会计月报、年终决算报表，负责撰写财务报告和报表数据的分析工作等。

（5）工资核算岗位职责：负责工资、奖金、津贴等清册的打印，并发放或转入职工工资卡，以及个人所得税扣缴、申报及相关报表的填报等工作；职工各类社保的缴交；职工公积金的汇缴、转移、调整、支取等工作。

（6）往来款清算岗位职责：暂存、暂付款及应收、应付款的结算和清理；发送债权债务核对函，及时结清学校的债权债务。

（7）材料核算岗位职责：对实验材料、教学材料、办公用品、维修材料等进行进出仓核算；制订材料采购计划，根据材料管理办法的规定，办理出入库手续，定期和保管员进行仓库材料盘点，每月上报材料变动、消耗明细表等。

5.稽核、复核类岗位职责

（1）复核岗位职责：复核电算化流水作业中的原始凭证，核对记账凭证科目和金额，核对付款支票金额和账号等。

（2）稽核岗位职责：对所有财务资料进行稽核。

（二）会计岗位考核和奖惩管理

岗位考核和奖惩管理是对岗位职责履行情况的评价和控制。

1.会计技术岗位考核

一年考核一次，按"德（职业道德）、勤（出勤及敬业）、能（工作能力）、技（专业技术水平）"等指标进行考核。考核应经过自我评价、其他工作人员评价、业务主管和机构负责人评价的程序，最后进行综合评价。

2.会计岗位奖惩

根据岗位考核情况，制定相应的奖惩办法，对于尽职尽责人员给予奖励，对不能尽责人员给予一定的惩戒。在具体措施上，对工作表现好、岗位考核优秀的会计人员除给予一定经济上的奖励外，在职称评聘、升职等方面应予以优先考虑；对于工作表现不好、岗位考核差的会计人员，除了扣除奖金外，可以考虑让其轮岗到其他适合的非会计岗位。

三、会计岗位轮岗制度

为了加强各岗位之间的相互学习、了解和掌握每个岗位的具体业务特点、全面提高会计人员的综合素质，会计人员应在各会计岗位之间进行定期轮换，即实行轮岗制度。会计轮岗一般2～4年轮换一次。

（一）财务机构负责人轮岗

在高校会计轮岗中，最为棘手的问题是财务机构负责人轮岗：如果财务机构负责人是财务专业人员，那么轮岗到其他部门会专业不对口；如果是非财务专业人员的其他部门负责人轮岗到财务机构，则会因为专业不熟悉，不利于高校财务机构的管理。因此，财务机构负责人由财务部门内部培养和替换，不失为一种权衡利弊之后较为妥善的处理办法。

财务机构负责人轮岗，一般三年一次，最长不应超过六年。从高校财务管理的实践来看，在负责人的岗位上的时间太长，人会变得麻木，行为会有惯性，即使出现经济风险也很难发觉；在岗时间越长，积累的管理漏洞和不完善问题可能越多，出现经济风险的概率也会越大。如果六年内进行岗位轮换，工作中的漏洞和风险就会因岗位的轮换而被发现或阻断，高校可以避免由此带来的经济损失和不良影响。

（二）一般会计人员轮岗

一般会计人员轮岗主要还是在财务机构内部进行。财务部门可供轮换的会计岗位较多，因此，一般会计人员轮岗的时间不应太长，2～3年轮岗一次比较好，可以全面了解各岗位的工作。

（三）财务主管轮岗

财务主管（科级干部）轮岗，可以在财务机构内部进行，也可以根据个人意愿轮岗或提升到其他部门，不再从事财务工作，但轮岗到其他部门的人员除非不是专业人员，否则对财会队伍的建设不利。为了与财务机构负责人轮岗相互协调，财务主管三年轮岗一次比较合适。

四、财务岗位处理程序制度控制

对每个财务岗位的工作事项进行排序，按预先设定的岗位程序进行财务处理，就是财务岗位处理程序制度。财务岗位处理程序制度可以更好地规范和约束各个岗位财务人员的行为，起到岗位之间互相监督和控制的作用，确保构建防范个人不良行为产生的制度环境。

"授权审批系统"对财务事项进行审批后，就进入"财务部门管理系统"进行财务处理。财务部门管理系统必须对内部财务岗位处理程序进行设定。财务岗位处理程序为流水作业式的操作规程，只有前一岗位财务事项处理完毕后，后一岗位才能接着处理。在岗位处理程序中，经费预算岗位、审核和记账岗位、出纳岗位、复核岗位、实物管理岗位等不能由同一人独立完成，必须由不同的人负责，以实现明确责任、分割权力、不同岗位之间互相监督和制约的管理目标。财务岗位的处理程序一般进行如下设定：

财务软件系统管理岗位对管理系统进行科目名称及代码初始设置、对预算项目进行项目名称及代码初始设置—预算管理岗位把各项目年度预算数录入系统—会计审核岗位对原始凭证按要求进行审核—记账凭证制单岗位对审核后的原始凭证进行系统录入—复核岗位对原始凭证和记账凭证进行复核—现金出纳岗位进行现金收付或非现金岗位进行支票转账—复核岗位核对收付情况—记账岗位进行系统记账并自动生成会计账簿—稽核岗位对整个财务处理情况进行稽核。

第四节　高校会计人员职务犯罪诱因与预防

一、高校会计人员职业道德的重要性

会计人员的职业道德是每个企事业单位都会强调的重要准则。下面将从以下两个方面说明会计人员职业道德的重要性。

（一）职业道德是《中华人民共和国会计法》的重要补充

《中华人民共和国会计法》强调了会计人员的义务和责任，但是会计法的条款确实有限，不可能面面俱到。另外，一些道德规范不好写进条款，如爱岗敬业、强化服务等。这些规范只能作为道德让会计人员自行遵守，而不能成为一种强制手段去约束员工，更何况爱岗敬业、强化服务等根本就不能量化，也无从考察。因此，职业道德是《中华人民共和国会计法》的重要补充，在很多法律没有涉及的领域约束员工，让员工进一步地遵守《中华人民共和国会计法》，并把自己的工作做得更好。

（二）职业道德能够让员工齐心协力为学校的共同目标奋斗

人力资源是一种无形的资源，是一所学校发展壮大的基础和动力。只有加强人才的培养、引进高素质人才，高校才能获得更好的发展。对于高校来说，会计人员遵循职业道德能够使科研经费得到良好的管理，也能控制高校的收入与支出，使高校的财务制度更加合理。

二、财务职务犯罪的内涵

财务职务犯罪是指国家机关、国有公司、企业、事业单位、人民团体委托管理、经营国有财产的人员利用财务职务上的便利，进行非法活动；不负责任，不履行或者不正确履行职责，破坏国家对职务的管理职能，依照《中华人民共和国刑法》应当受到处罚的行为的总称。

三、财务职务犯罪的防范对策

分析当前财务人员职务犯罪的特点，无论是主观原因还是客观原因，归根结底都是人在起决定作用。机制缺失、制度疏漏、管理不善、监督乏力，反映会计管理工作未能走进人心、未能唤起自我责任心。因此，只有加大力度预防财务职务犯罪的发生，才能防止国有资产流失，才能降低政府运行成本，达到建设节约型政府、维护社会主义市场经济秩序、构筑和谐社会的最终目的。在实际工作中，高校应从以下方面加强财务职务犯罪的防范：

（一）加强会计人员的工作责任心

一是要针对会计管理工作中的"矛盾点"，狠抓单位内部控制机制的构建，健全各项规章制度，实施财务收支活动的全程管理，加大力度对经济活动进行监督，以减少产生违法会计行为的人为因素干扰。

二是要探求时代特征的"共鸣点"。会计人员应坚持会计职业道德，实事求是、客观公正、不偏不倚地处理各种会计业务，做诚实守信的人。

（二）保障财务人员履行职责

由于会计人员承担着处理各种利益关系的重要任务，在依法行使职权时往往会受到各方面的阻挠、干扰，有时甚至被打击报复，严重的还会出现生命危险。为了保护会计人员的合法权益，鼓励会计人员坚持原则、依法做好本职工作，国家应该对会计人员采取特别的法律保护措施，包括明确责任主体，明确法律责任，解决在工作中坚持原则遭打击报复的会计人员的后顾之忧，对做出显著成绩的会计人员给予表彰奖励，从而提高会计人员的社会地位，激发其依法做好本职工作的积极性。

（三）着重培养财务人员的业务素质

1. 加强业务素质培养

会计是一门不断发展变化、专业性很强的学科。会计工作的好坏取决于会计人员素质的高低。建立一支高素质的财会队伍，加强财务人员职业道德教育和业务培训，是保证会计机构和会计人员依法履行职责的重要基础。因此，要有效预防和有效控制财务人员职务犯罪，高校必须从以下四个方面加强：

（1）加强政治素质培养，树立共产主义理想观念。

（2）加强道德素质培养，能正确处理国家、集体和个人三者之间的关系。

（3）加强智能素质培养，积累一定的文化知识基础。

（4）加强能力素质培养，使之与所从事的会计工作相适应。

2. 加强自我管理能力的培养

这里所说的自我管理，不是一种脱离一切的自我行为，它是要在党的领导下进行的。提倡财务人员进行自我管理，就是要求财务人员从自我的角度自觉执行党的路线、方针、政策和制度，要摆正个人和党、国家、集体利益的关系，特别是当个人利益与之发生矛盾或冲突时，应无条件地服从党的利益、国家的利益、集体的利益。制度的约束是他律，它再完备，没有人认知、执行，就不会起作用。只有充分发挥人的主观能动性，自觉地认识、执行制度，才会把他律内化为自律。这个内化过程需要提高个体的自我管理能力。其途径主要有以下方面：

（1）提高自我认识能力。财务人员管的是纳税人的钱，应该本着对国家、对人民负责的态度用好自己手中的权力。财务人员应该了解自己的才能，不断学习，不断进取，紧跟时代步伐，符合岗位工作的需要。

（2）提高自我评价能力。财务人员应对自己的思想行为进行评价。身为财务人员，要认真审查自己的言行，知道哪项工作做对了、为什么能做对，要进行深入思考；对自己做错的地方深刻剖析原因，避免同类的事情发生。

（3）提高自我约束能力。财务人员应筑牢心理防线，杜绝诱惑，凭良心做人，凭党性办事。财务人员每天接触的是大量的金钱，最重要的就是管好自己的心，莫贪；管好自己的手，莫拿。

（4）提高自我教育能力。财务人员要对自己进行教育，肯定做对的方面，正视自己不足的地方，想方设法加以改正。在自我教育方面，财务人员应做一个品德高尚的人，在一个人独处的情况下要自觉按职业道德规范约束自己，才不愧于财务人员的光荣称号。

（四）健全保障高校会计人员职业道德的制度体系

1.完善会计法律制度及职业道德规范，加强会计职业道德的制度保障

会计职业道德是会计法律制度得以正常运行的社会和思想基础，而会计法律制度是促进会计职业道德规范形成和遵守的制度保障。目前，凡是会计法律制度不允许的会计行为，都是会计职业道德所谴责的行为，但违背会计职业道德的行为未必违反会计法律制度。可见，完善会计法律制度可以从增加具体的并可实施的违背会计职业道德的条文开始，明确违者所应承担的法律责任，通过赋予法律属性的方式来增强其强制性。此外，会计职业道德规范应进行补充与完善，应该在财政部门的支持下由会计职业机构主导，结合各行业的会计行为特点进行制定、颁布与监督。其中，应当将高校单独作为一类会计主体进行分析，结合高校会计人员的执业特点制定出切实可行的会计职业道德准则或规范，为提高高校会计人员职业道德水平提供可靠的制度保障。

2.完善高校内部控制制度，减弱会计人员的机会主义倾向

内部控制制度是一种试图通过产权的界定来合理配置财力、物力及人力的博弈规则。完善高校内部控制制度可以通过公平、合理的产权界定和约束来减弱会计人员的机会主义倾向，具体可以从以下几个方面进行完善：

（1）进一步完善不相容职务分离制度，合理设置会计及相关工作岗位，明确其职责权限，形成相互制约的机制。这是高校最难完善的制度，也是最容易出现错误和舞弊行为的地方。

（2）完善授权审批制度。高校内部的各个部门必须在授权范围内行使职权和承担责任，且师生及职工也必须在授权范围内办理业务。授权审批不当是近年来高校发生重大经济舞弊案的主要原因。高校要根据实际工作需要进行授权，建立有效的授权批准体系。

（3）加强内部审计制度。高校建立内部审计部门，对会计人员执业行为进行审核与监督。内部审计是监督、检查和评价内控制度的质量和效果的手段，也是保证会计资料真实、完整的重要措施。

3.健全高校会计职业道德的外部监督机制，提高违背职业道德的社会成本

外部监督机制是对内部控制的再控制，可以有效改善会计职业道德的整体环境，提高高校会计人员违背职业道德的社会成本。健全高校会计职业道德的外部监督机制，最重要的是明确外部监督主体并明确划分其监督责任。目前对高校会计职业道德进行监督的主要是各级财政部门，但由于财政部门分管的

领域较多，事务较为繁杂，对高校的监督极为有限。此外，各级分管教育、文化、科技等的党政部门应当相互配合，把监督高校会计人员职业道德纳入其管理计划中。最后，应当明确各级组织、广大群众及新闻媒体的监督权利及义务。社会各界共同形成一种完善的外部监督机制，才能有效地搞好高校会计职业道德建设。

第五章　高校财务战略管理

财务战略管理是现代财务管理的开拓性发展。对高校而言，财务战略管理是高校战略管理不可或缺的重要组成部分。构建以可持续发展为目标、以保持并不断增强高校长期竞争优势为核心的高校财务战略管理体系，是高校财务管理的未来发展方向。

第一节　高校财务战略管理基本理论

一、高校财务战略管理的特点

在探究高校财务战略管理的特点之前，我们先要追本溯源，阐述顺序按照先"战略管理"，再"财务战略管理"，后"高校财务战略管理"的逻辑，达到循序渐进、逐步理解的效果。

（一）战略管理的含义及特点

1.战略管理的含义

"战略"是军事领域的词汇。虽然世界各国军事家对战略的定义有所不同，但是他们普遍将战略视为一种指导全局的计划和策略。在《辞海》中，"战略"被定义为"依据敌对双方军事、政治、经济、地理等因素，照顾战争全局的各方面、各阶段之间的关系，规定军事力量的准备和运用"。

随着社会的发展，战略思想被应用到多个学科领域，战略的含义得到了极大的拓展，促成了许多新学科视角的出现，而战略管理便是其中之一。20世纪80年代以来，战略管理作为一种全新的视角在企业界得到了广泛应用，同时，战略管理理论也得到了极大的发展，并形成了相对完善的理论体系。不同的学者从不同的角度阐述他们对战略管理的理解。美国管理学会院士杰恩·巴尼认为："战略管理是通过分析企业的竞争环境以发现其威胁和机会的过程，通过分析其资源和能力以发现其竞争优势和劣势的过程，以及通过匹配上述两种分析以选择战略的过程。"

2.战略管理的特点

（1）长远性

组织战略着眼于组织未来的生存和发展，即战略管理更关注长远利益，而不是关注短期利益。因此，评价组织战略是否有助于实现组织的长期目标和保证长期利益的最大化，是判断战略优劣的重要标准之一。这也是战略管理与一般战术或业务计划的最主要区别。具体而言，企业中如果一个项目预期短期内能赚些钱，但长期市场潜力不大，且无助于提高企业的核心竞争力，从战略管理的视角来看，这样的项目就不应该建设。反之，若一个项目短期内可能造成亏损，但是长期市场潜力巨大，或代表了技术的未来发展方向，从战略管理的视角来看，该项目就应该实施。战略管理的长远性要求组织根据组织外部环境和组织内部条件的变化，对关于组织生存的战略问题进行长远规划。

（2）层次性

虽然组织类型、规模、结构各不相同，但其进行战略管理的基本层次是一致的。一般来说，对于较大规模的组织，战略管理可以分为三个层次：一是总体战略或组织战略，主要包括稳定战略、发展战略、紧缩战略等全局性的管理战略；二是竞争战略，主要研究不同行业经营战略等方面的选择，主要涉及如何在选定的领域与对手进行有效的竞争；三是职能战略，主要包括财务战略、生产战略、研发战略、营销战略等。

在实际工作中，组织的不同层次战略的侧重点和范围不同，高层次战略变动总会波及低层次战略，而低层次战略的影响范围则比较小，特别是职能战略一般在部门范围内即可解决。

（3）全局性

组织战略管理是从全局出发，适应组织长远发展需要而进行的管理活动。它所规定的是组织的总体行动，所追求的是组织的总体效果，它是指导组织一切活动的总谋划。虽然组织战略管理也包含和规定着组织的某些局部活动，但在战略管理中，这些局部活动是以总体活动的组成部分出现的。因此，把握战略管理的全局性要注意处理好局部利益和整体利益的关系，做出正确的战略部署。同时，战略管理的全局性还要求组织战略必须与国家的社会经济发展战略相一致，要与世界经济技术发展方向相一致。

（4）竞争性

市场经济环境下，竞争无处不在，组织制定战略的重要目的之一就是在激烈的市场竞争中与对手抗衡，在争夺市场和资源的竞争中取得胜利。因此，战略管理本质上是一种竞争战略的制定和实施过程。它不同于那些不考虑竞争因素，只是为了改善组织现状、提高管理水平而制订和实施的行动方案的选择，这也是组织战略管理在市场经济环境下产生和不断发展的原因。

（二）财务战略管理的含义及特点

1.财务战略管理的含义

财务战略是为谋求组织资金均衡、有效地流动和实现组织战略，为增强组织财务竞争优势，在分析组织内、外部环境因素对资金流动影响的基础上，对组织资金流动进行全局性、长期性和创造性的谋划，并确保其执行的过程。财务战略管理立足于组织的长期发展，是保持并不断增强组织长期竞争优势的决策支持管理体系。当组织中的管理从业务层次向战略层次转变时，财务战略管理便成为组织中财务管理的必然趋势。

2.财务战略管理的特点

财务战略管理是战略理论在财务管理方面的应用与延伸。它不仅体现了"战略"共性，还勾画出了"财务"个性。财务战略管理具有以下特征：

（1）以财务战略目标为导向

成功的战略只有在明确的目标指导下才能实现。财务战略目标为组织战略目标服务，指明了财务战略管理的总体方向，明确了财务战略管理的具体行为准则，在整个财务战略系统中处于主导地位。

财务战略管理目标的设定必须服从组织战略管理的要求，与组织战略协调一致，从财务上支持和促进组织战略的实施。

（2）以组织竞争力为核心

在经济实践中，组织竞争力受到诸多因素的影响。经济资源和财务资源是组织发展的必要资源，但仅仅拥有一定的资源并不能完全保证形成组织的竞争力。以组织竞争力为核心的财务战略明确了财务战略的直接目标，同时为财务战略决策提供了选择标准，为财务战略管理行为提供了导向。另外，组织竞争力也需要科学的财务战略来创造、培育和发展，从而保持长久的竞争优势。

（3）战略成本管理是提升组织竞争力的主要参数

成本是决定竞争力的重要因素之一，所以战略成本管理是财务战略管理研究中的重要问题。在激烈的市场竞争和急剧变化的市场环境下，向战略成本管理要效益，已成为组织获得和保持竞争优势的关键。

战略成本管理实质上就是将成本置于战略管理的高度，将其与影响战略的其他要素结合，对组织成本进行全面分析与控制，以寻求成本改进，并获得竞争优势的过程。在以竞争力为核心的财务战略管理中，战略成本管理是组织竞争力和财务战略管理的联结。

（4）以财务战略决策的选择、实施、控制、评价为内容

财务战略决策决定着组织财务资源的配置。财务战略决策的选择、实施、控制和评价，应当从全局角度出发，注重整体性，符合组织的总体战略，还要协调部门间的配合，减少内部职能失调，与其他职能战略相适应。

（5）理财环境因素对财务战略管理有重要影响

财务战略管理是面向未来的管理，它不仅关注某一特定时点的环境特征，更关心环境的动态变化趋势；不仅需要对政治、经济、文化、法律等宏观环境的综合分析，还要对产业、竞争者、财务状况等组织内部因素进行微观环境分析，并且要处理好环境的多变与财务战略的相对稳定之间的关系。

财务战略管理关注组织的长远、整体的发展，重视组织在市场竞争中的地位，它以实现长期可持续发展、打造核心竞争力为目标。对财务战略的制定、实施、控制和评价必须在综合考虑内外部各种环境因素的基础上进行。

（三）高校财务战略管理的一般特点

高校财务战略管理作为财务战略管理的一部分，其特点与财务战略管理的特点有相通之处。

1.高校财务管理活动是价值管理的过程

高校是主观价值与客观价值的统一体。任何组织都是主观价值与客观价值的统一体。高校之所以存在，首先是因为其所具有的主观价值。祁顺生提出："企业是各利益相关者依据各自的价值考虑和判断，为了追求价值创造和价值最大化而凝结的一种网络系统。"[1] 高校各利益相关者对价值的要求不同，正是由于其主观价值的存在满足了所有者及其成员的偏好和需要，他们的各种权利得以实现、利益得到保证，高校才能够得以存在。高校的存在还在于它具有客观价值，也就是社会价值。高校既是社会组织，又是经济组织，它在满足社会需要的同时，还要追求自身的经济利益。高校的客观价值不仅代表着人们的理想和目标，更代表了高校对社会的贡献。在社会主义市场经济条件下，高校既要为社会服务，又必须进行经济运作。

高校的财务管理活动是价值管理的活动。高校的财务活动就是各项财务收支资金运动的总括，就是通过不同的渠道筹集一定数量的资金，运用于教学基本建设及教学、科研的各个方面。财务管理是有效地培育与配置财务资源和公正地处理各种财务关系的一项经济管理工作，是高校管理的一个重要组成部分。随着高校管理体制改革的深化，财务管理的作用越来越显得重要。

---

[1] 祁顺生.以价值为基础的要素与企业[J].经济研究，2001（2）：50-60.

　　高校的价值活动可分为两种活动：基本活动和辅助活动。对于高校来说，基本价值活动就是教学和科研活动，其他人事管理、行政管理、教学设施建设和后勤服务都是辅助活动，都是为教学、科研服务的，任何经济活动都是围绕教学这根主轴旋转的。虽然高校属于社会公益事业，是非营利组织，但在整个价值活动中还包括了高校各种价值活动所创造的总价值与总成本之差，即收支结余。而这些结余又投资于教学基础设施建设，在目前财政拨款严重不足的前提下，可解决高校规模迅速发展时期的部分资金需求。

　　高校所有财务管理活动都可以用财务价值管理来加以概括、反映和控制。高校财务管理就是对高校财务活动的综合性价值管理，具有灵敏度高、涉及面广的特点，在高校管理中处于综合性管理的地位，决定了财务战略管理在高校战略管理中的地位和作用。

　　2.高校财务战略管理的目标是追求高校长期的收益

　　高校财务战略要在保证社会效益的基础上实现经济价值最大化，构建高校持续、健康发展的经济支撑。这也是高校财务管理的本质要求。高校财务战略必然是围绕高校资金的运作展开的，涉及融资、投资、结余分配等各项财务活动，即通过对资金从流入、运作到流出制订和实施战略，从而实现资金在循环过程中的价值增值。

　　3.高校财务战略管理的本质要求是建立竞争优势

　　当高校创造的价值大于成本，就有结余；当高校创造的价值大于竞争对手创造的价值，就会有更多的财务竞争优势。

　　财务竞争优势是高校价值增值的基础。具有财务竞争优势是高校持续、健康发展的根本经济支撑。只有通过财务战略管理，建立强有力的竞争优势，实现更多的社会和经济价值，高校才能使自身价值得到增加。因为只有这样，高校才能在激烈的竞争中取胜，才能保证健康、顺利地发展。

　　从竞争优势理论可以看出，只有长期具有竞争优势的高校才能够持续获得比同行业更好的发展。从财务管理角度来说，具有竞争优势就获得了长期的价值增值能力和财务竞争力，才能保证高校战略发展过程中的资金需求。财务竞争优势是高校发展的基础和根本。所以，高校必须围绕财务管理、资金策划来建立高校竞争优势。

　　4.财务战略管理的首要重点就是分析战略环境

　　高校财务战略管理的过程分为四个阶段，即战略分析、战略选择、战略实施及战略评价。其中，战略分析就是分析高校的外部环境和内部动力，是高校财务战略管理的第一步，其目的就是保证高校在现在和未来始终处于有利地位，对影响高校长期竞争优势的那些关键性因素形成一个概观。它属于预测分析的范畴，是高校进行战略选择的基础，更是一个"知己知彼"的过程。战略分析的全面与否、深入透彻与否、预测的准确与否，都将直接影响着高校战略的选择与制订。因此，财务战略管理的首要重点必然是高校的战略分析。

（四）高校财务战略管理的特殊性

作为非营利机构的高校，一般不会使用价格机制招收那些希望高额付费的较低水平的学生入学从而提高学校的收入。所以，无论多么著名的高校，其学费不可能无限制地上涨，并且这些高校还会提供奖学金，以吸引那些家境贫寒而成绩优异的学生入学，以提高学校的竞争力。

作为竞争对手的高校，其采用的竞争手段不同于企业。

第一，高校不会无限制地扩大规模以满足市场要求、占领市场份额，而一般会采取保持一定的规模，录取学生时会保持较低的入学率，以提高学生的质量、保护学校的品牌。

第二，高校不会像企业那样通过规模扩张的手段去战胜竞争对手。

第三，企业在竞争中会竭力打垮对手，并设法兼并对方，而高校在竞争中一般会强强合并。所以，高校竞争的结果一般是，所有竞争对手在一定时期内长期并存，但会形成分层，会形成各自不同的办学特色。这是高校存在时间长的重要原因之一。

由于高校组织的特殊性，其财务战略管理除了具有一般特点外，还具有特殊性。财务战略管理从其本质来讲是高校与变化着的背景或环境不断对话的过程。背景不同，财务战略管理的观念、理论、方法、范式及其应用都将随之改变。

二、高校财务战略管理目标的确定

高校财务战略管理首先需要确定高校的财务战略管理目标。只有以企业价值最大化为财务战略管理目标为依据进行的财务决策，才符合财务战略整体性、全局性、长期性的要求，才能有效保证实现企业发展战略。

高校财务战略管理目标也应指作用时间长、作用范围大、对学校的发展至关重要的目标，特别是对涉及资金量较大，或者是经费的来源、支出方式有较大的变化等涉及全局性的财务活动进行的管理，如长期贷款、资金投入的倾向、学校整体建设投入规划、人力资源建设、品牌建设等资源的投入等，具体体现在预算安排和财务政策的制定上。

高校财务战略管理目标也应是为促进学校具有相对竞争优势，在资源的分配和财务政策上提供保障，所制订的财务计划应具有前瞻性，对学校的发展最有利。

高校财务战略管理目标的确定应考虑以下几个因素：

第一，应考虑与学校的整个发展战略目标相一致，考虑学校可持续发展能力的安全性，如在留住和引进人才上要做好战略投资，这也是一种人力资源的长期战略投资。除了经济利益的考虑，高校还应考虑发展布局和学校的综合实力、品牌价值的提升，综合考虑投入产出、财务支付能力，考虑经济效益与社会效益的统一。

第二，应考虑高校的类型和高校的发展阶段。类型不同、发展阶段不同的高校，对财务战略管理目标的选择也不同。财务战略管理目标应与学校的办学方向、办学思路和发展要求相一致，把有限的资源运用得最好，用到对学校最有利的地方；同时应具有可操作性，能够围绕该目标进行一系列管理，在大目标下可以细分目标，形成目标体系，使具体目标和战术目标为战略管理目标服务。

第三，应考虑高校财务战略管理的特殊性。只有在保证高校社会效益的基础上尽可能实现高校长期经济价值最大化，才是竞争环境下的高校财务战略管理目标的较合理选择。

这个目标体现了价值管理、战略管理和可持续发展的理念，具有可操作性，可以避免短期的、片面的单纯追求经济价值的行为。由于高校的特殊性，其价值增值能力与高校所处的行业及周期、与其拥有的资源都密切相关。

首先，高校的价值增值能力与国家宏观管理制度有关。高校是非营利性组织，受国家宏观管理严格控制，其发展受到国家政治、经济发展水平和科学文化的影响。在收费方面，国家投入不足，禁止乱收费。大学组织具有趋同性，受制度影响大。由于大学必须保持一定的师生比，技术革新不会减少教师，并且个性化教育与不断提高教学质量的要求，使学校教师呈现出递增趋势，其技术特征表现为非进步性和成本最大化。这些都会影响高校财务战略实施过程中的价值增值能力。

其次，高校的价值增值能力与其所拥有的资源相关。高校资源是指高校拥有的各种资源之和。如果说教育所在行业从总体上决定了高校价值的增长空间，那么高校资源则是高校价值增长的客观基础。高校拥有的资源差异决定了高校价值增值能力的高低。一般来讲，高校拥有的资源包括五类：有形资源、无形资源、管理资源、人力资源、关系资源。

最后，高校的价值增值能力与其经营能力相关。经营能力是高校利用各种资源在其经营的劳务或产品上建立显著的竞争优势的能力，是一种长期盈利的能力，具体包括经营能力、投资能力和融资能力三方面内容。价值是一种能力观，是长期盈利能力的体现和反映，而能力是价值的决定因素，是价值增值的保证。高校的经营活动包括产品研发、后勤等资产经营能力，在这一过程中既发生了现金的流出，又发生了现金的流入。而经营能力的高低直接体现在经营净现金流量上，最终将形成价值。由于高校的经营能力不同，也就决定了最终形成价值大小的差异。

投资能力表现为高校能否把有限的资金投入最大限度地加入到高校价值的投资项目当中。价值的增长取决于投资活动所能创造的价值增长的机会。不同的投资项目由于投资回报率不同而对高校经济价值的影响不同。

在发达的资本市场和金融市场中，高校可以选择的融资方式多种多样。不同的融资方式其成本和风险都有差异。高校的融资活动，一方面要确保高校及时获得发展所需要的资金，另一方面则要保持合理的融资结构，使资金成本保持在较低的水平上。融资能力强的高校，融资渠道通畅，资金成本较低，因此能够赢得较大的价值增长空间。

将价值的理念作为高校财务战略决策的核心思想，推动价值管理的实施，就是因为高校的许多活动本身就是在传递或者运作以增加价值。在这个过程中，高校投入了大量的时间、人力、财力和物力资源，应该用一种妥当的方法去管理、评估衡量、观察审核，以实现经济价值的最大化，保证高校国有资产最大化的增值，最大化提高高校综合实力，提高学校整体核心竞争力。这也是研究高校财务战略及价值管理的本质所在。

具有财务竞争优势是高校持续、健康发展的根本经济支撑。高校只有通过财务战略管理，建立强有力的竞争优势，实现更多的社会和经济价值，才能使自身价值得到增加。竞争优势的来源有三个方面：成本领先、差异化和速度。

成本领先是指高校从事的所有增值活动的累积成本低于竞争对手。成本领先能够使高校在同等情况下获得超额收益，从而增加价值。

差异性是指高校提供的产品或服务具有某些独特之处，能够吸引学生为此支付溢价。市场的异质化发展，使同质的大型市场不断分解。特质的市场不断增多，给高校带来了更多的机遇与挑战。只有善于发现特定的消费群体的特定需求或者消费偏好，同时认真研究竞争者的市场行为，识别其优劣势，并据此提供与竞争者不同的、能够满足消费者偏好的产品或服务，这样才能获得竞争中的差别优势。波士顿顾问公司的奠基人布鲁斯·D. 亨德森指出，任何想要长期生存的竞争者，都必须通过差异化而形成压倒所有其他竞争者的独特优势。差异的本质是取得某种特性，如高校的特色专业建设、追求质量和良好的声誉、专利技术等，意味着高校独特的内部能力、核心能力及卓越的管理能力。差异化意味着卓尔不群，而持久的差异化能产生长久的竞争优势。努力维持这种差异性，正是高校长期战略的精髓所在。同时，差异性能为高校带来高于行业平均水平的收益，从而增加高校经济价值。

速度优势表现为高校领先于竞争对手识别、适应并满足环境变化引起的需求变化的能力。比如，识别教育大众化所带来的机遇，迅速扩大招生规模，谁就获得了比其他高校的速度优势。这种速度优势将提高高校的收益能力、增加高校的经济价值。

财务竞争优势是增加高校经济价值的基础。但这并不代表任何一项所谓的竞争优势都能够增加高校的财务价值。一项竞争优势能否真正带来价值的增加，取决于两方面的因素：一是竞争优势的可持续性；二是投资于该竞争优势获得的收益与资金成本的关系。只有那些具有持续性、获得的收益切实高于资本投入的竞争优势，才能真正实现价值增加。

综上，价值与竞争优势密不可分。竞争优势通过成本领先、差异化及速度优势增加价值，成为高校经济价值增值的源泉。而高校经济价值的变化，又反映了竞争优势的持续性和回报率的高低，因而成为竞争优势的客观评价依据。成功的竞争优势必须是能够增加价值的竞争优势，否则就失去了竞争优势建立的意义。只有当管理人员把价值最大化作为高校的财务战略管理目标时，才可能真正实现价值管理。而要实现这一目标，管理者必须把这个目标转变为高校的一种理念，在保证高校社会效益的前提下，以尽可能实现经济价值最大化为基础进行决策。这种理念需要由始至终地贯穿于高校的自我衡量、自我管理过程中，以及快速发展时新的投资决策中。

第二节　高校财务战略管理实施背景

当前，我国高校面临着前所未有的机遇和挑战。作为一个为社会提供知识和培养劳动者的组织，高校市场化运行的趋势越来越明显。正如美国高等教育思想家克拉克·科尔所说："生存之路现在导向了市场，一场新的学术革命已经来临。"在这场变革中，我国高校的办学自主权逐步落实，资金来源日趋多元化，高校间的竞争不断加剧，市场经济正深刻地影响着高校的运行。提高高校的财务管理水平、实现资源的有效配置，已成为高校未来发展的基本战略。转变传统财务管理观念、实施财务战略管理，将成为各高校应对冲击的必然选择。

一、社会经济环境变化对高校传统财务管理的影响

随着社会经济环境的不断市场化、大众化和国际化，我国高校的生存环境与以前相比发生了根本性的变化，从外部环境获取资源的竞争压力影响着高校管理体制的变化，其中也包括财务管理体制。很多高校发现，高等教育正处于一个分水岭，学术界以前不关心的问题，现在不仅成了每天的现实，还威胁着它们的生存，如变化、竞争、有效回应学校利益相关者，以及其他很多问题。变革力量已经存在，现在是高校决定如何应对这些挑战的时候了。

社会经济环境的变化使高校赖以生存的社会经济坐标已然改换架构，如计划手段让位于市场调节、行政命令让位于价值交换。面向市场已成为高校适应社会经济环境的必然选择。战略规划是最有希望帮助高校有效进行管理变革的方法。所以，高校未来采用财务战略管理的理念、手段和方法，是其适应所在社会经济环境的必然选择。

二、高校办学理念更新对高校传统财务管理的影响

经济基础决定上层建筑。随着社会经济环境的变化，高校的办学理念也必然发生变化。高校办学理念的一个重要变化，就是由"福利教育"向"有偿教育"的转变。过去，高校办学主要依靠国家，其办学经费主要来源于政府财政拨款。在这种情况下，高校的经济活动只是简单的资金运动，财务工作也比较简单，主要是核算，在有关财务管理制度的规定下按预算的项目、内容审核报销。随着社会经济环境的变化，高校开始面向市场，从"福利教育"到"有偿教育"。这种理念的变化给高校的各项活动带来很大的影响。从财务角度来看，筹资渠道更加多元化，除政府财政拨款外，其他方式流入资金逐渐增加；资金运动由过去的单纯教育资金，发展成以教育资金为主，以其他生产、经营资金为辅的资金运动形式；财务核算对象也由简单的资金流量核算向资金、资产和资本的全过程核算转化。在"有偿教育"的办学理念下，政府作为投资者更加重视教育拨款的效益，更重视各所高校的教育成本差异；同时，各高校也更加重视提高资金使用效率，合理配置资源，提高教育资本回报率，在保证社会效益的前提下，努力提高经济效益，增强学校竞争力，实现可持续发展。

高校办学理念的另一个重要变化，是由"精英教育"向"大众教育"的转变。随着"大众教育"理念的不断深入，我国高等教育进入规模迅速扩张期。高等教育规模持续扩大，各高校都不同程度地扩张，高校教育品种逐渐增加，民众在高等教育上有了更多的高质量的选择。同时，各类别、各层次高校，从名牌大学、重点大学到省属普通本科，再到民营高校、高职高专等，都在师资、生源、学生就业和科研成果等方面面临着严峻的竞争和挑战，不仅要与同层次的高校竞争，还要与不同层次的高校竞争及与国外的高校竞争。当前，高校间的竞争已从潜在转为现实、从隐蔽转为公开，且有愈演愈烈之势。高校规模的扩大和竞争的加剧，必然会加大高校对教育经费的需求。在政府财政投入难以大幅增长的情况下，高校发展将更加注重质量建设、注重内涵打造。财务管理作为高校管理的中心环节，要合理融资、有效投资、开源节流，充分发挥资金使用效益，积极应对这种变化。

三、高等教育体制改革对高校传统财务管理的影响

计划经济体制时期，我国高等教育实行国家集中计划，中央、部门和地方政府分别办学并直接管理的高等教育体制。这种高等教育体制对于加强国家对高校的集中统一领导、保证人才培养质量发挥了积极的作用。但此阶段高校的一切均由政府负责，表现为高校在管理上由政府统一领导，经费上由政府统一拨付，招生上由政府制订计划，毕业生由政府负责分配。

1992年起，按照"共建、调整、合并、合作"的方针，经过二十多年的高等教育管理体制的改革，我国从根本上改变了部门办学的高等教育管理体制，原来计划经济体制下形成的高等教育布局结构也发生了历史性变化，形成了中央和省两级政府管理、以省级政府为主的新的高等教育体制，这为未来高等教育的更好发展奠定了基础。目前，我国高等教育正在由原来的政府直接管理的办学模式，向在政府宏观管理指导下，学校面向社会自主办学的模式过渡。各级教育主管部门正在不断转变职能，简政放权，逐渐减少对高等教育的行政直接干预。政府正在建立通过政策、法律、经济、服务和监督等手段市场化管理高校的良性运行机制。高校法人实体地位的确立，使高校在发展中增加了很大的自主权，而高校办学模式也随之转变。这对高校未来各项工作的开展产生了深远的影响。

由于高校财务环境发生了巨大的变化，财务管理在高校中的地位和作用显得越来越重要，财务管理的难度也越来越大，对财务管理的要求也必然更加严格。这些都意味着高校财务管理在工作上与之前相比应做出重大的改革和调

整。建立与不断发展的市场经济环境相适应的高校财务管理模式，是实现高校可持续发展的必然选择。

四、高校教育经费来源变化对高校传统财务管理的影响

随着高校办学主体、模式的改变，高校教育经费来源渠道已由过去的单一政府拨款，向以政府拨款为主，以学生的缴费收入、学校的产业收入、技术服务收入、其他非学历教育及技术培训收入、单位和个人捐赠收入等为辅的多渠道、多元性筹措方式转化。在高校全部教育经费中，个人缴费和学校创收等非财政来源经费的所占比例大幅提高；政府拨款比例逐年下降。高校经济利益主体的变化及多元化筹资格局的形成，对高校财务管理产生了重要影响。一方面，高校要建立健全校内各级经济责任制，完善财务管理，充分调动各个经济活动主体的积极性，并考虑其责、权、利的结合；另一方面，在财务风险增加的情况下，高校又必须加强对财务风险的计量和控制，改革高校现有的财务管理模式以适应变化。

五、信息技术发展对高校传统财务管理的影响

以计算机技术、数据库技术与网络技术为代表的信息技术的发展与普及，正影响且已经渗透到高校管理的各个环节，而作为管理核心内容之一的财务管理也不例外。信息技术带给高校财务管理的变化集中表现在两个方面：一方面，在信息化背景下，高校财务管理面临的环境发生了变革，高校管理面临的需求、需要解决的问题，以及解决问题的条件、方法都随之改变，且与之相适应的高校财务管理的内容、方法等也必须做出相应的调整；另一方面，信息技术的广泛应用为高校财务管理提供了新的解决途径，扩展了高校财务管理的手段。

信息技术扩展了高校财务管理的范畴。网上银行，特别是电子货币的出现，极大地拓展了资金的概念。此外，网络无形资产、虚拟资产的出现，也同时扩展了现金的转化形式。网络环境下，现金及相关资产流转速度的加快，导致了风险的加剧。因此，必须有合理的控制系统及合理的配置来保证高校现金资产的安全。

信息技术强化了高校财务管理的决策、控制等基本职能。在信息技术条件下，财务决策面临的环境发生了深刻的变化，决策活动由感性决策向科学化决策转变；财务控制的范围扩展到高校的各个层面；信息技术的广泛应用，派生出财务管理的财务协调和财务沟通职能；更多、更先进的方法被应用到高校

财务管理活动中，如多元统计学方法、计量经济学方法、运筹学方法，甚至包括人工智能、图论的一些方法，定性分析已向定量分析和定性分析相结合转变。

信息技术与高校管理的融合日趋紧密。高校财务管理在信息时代必须利用信息技术强化管理手段、提升管理水平。将信息技术与高校财务管理相融合，改进传统高校财务管理，已经成为一种必然。

第三节　高校财务战略管理职能的意义

财务战略管理是用战略的思想解决财务方面的问题而制订出的一系列决策。高校财务战略是实现高校未来发展战略目标的财务行动方向和行动方案，其核心是支撑高校财务竞争优势的确立，其内容是战略目标的制订、竞争优势的确立、实现战略目标和竞争优势的路径和方案。它包括了战略制订时所必需的确定目标、环境分析、方案制订及评价控制等过程，能够很好地适应新形势下高校财务管理的要求。

财务战略管理也是对价值的管理。价值结构的优化是关系到高校财务管理能否健康运行的整体性、全局性问题，是财务战略研究的重要研究对象。能否拥有健康的价值结构，也是高校实现经济价值最大化和规避财务风险的决定因素。如何在国内外整合办学资源，增强学校的综合办学实力，提高办学品牌优势，协调平衡学校在发展上的资金矛盾，构建高等教育发展的经济支撑，以做到学校办学经济效益和社会效益的协调统一，是新时期对高校财务管理提出的更高的要求。高校必须转变财务管理的观念，树立价值管理和战略管理的理念。

高校是一个有生命的有机体，有其自身的演化规律，使我们可以从高校发展的角度来研究高校经营战略和财务战略问题。高校经营战略要从高校长远的可持续性发展的角度进行资源的优化配置，以确保高校战略目标的实现。由于资源配置是高校经营战略实施成败的关键，决定了财务战略在高校战略体系中的重要作用。财务战略的管理创新增强了高校财务竞争力，高校财务竞争力催生高校财务机制创新，高校财务机制创新又是高校收益得以保障的根本。高校财务竞争力是维持高校正常运转和稳步发展的基础，是高校教育教学、科研质量与活力的综合体现，是高校理财的基本要求，是社会主义市场经济的客观要求。高校财务竞争力对高校的正常运作和发展，具有十分重要的意义。

一、有利于创造和保持持续竞争优势

高校传统的财务管理以成本、费用的最小化和财务风险的控制为目标，并将这一目标贯穿到高校财务预算、决策和财务风险管理等财务管理活动中。财务战略管理以创造和保持高校的可持续竞争优势为目标，关注高校的未来发展，通过财务战略的选择，为高校在未来的竞争中击败对手提供科学依据。可以说，基于竞争力的高校财务战略管理，改变了传统财务管理的视角，将财务决策提升到战略的高度，同时为高校在市场竞争中保持可持续的竞争优势提供了可行的战略选择。

此外，高校财务战略是高校战略的一个子系统，是针对高校长期状况而制订的，影响着高校的长期发展能力。财务战略是对高校发展有重大影响、发挥重大作用、有重要意义的为财务活动制订的综合性的战略。它的目标与高校的发展战略目标是一致的。在高校的财务战略管理过程中，用全局性、长远性、竞争性的战略决策，解决高校面临的快速发展与经济投入不足之间的矛盾，创造最大的经济价值，是保证高校持续、健康发展的经济支撑。

实施财务战略管理要求高校关注当前的盈利状况，更要重视学校的长期发展、可持续发展能力、持续竞争优势。为使高校能够按照财务战略导向从事学校的运营和资源配置，高校领导应树立长期、全面的财务战略目标，抛开一时的得失，追求高校可持续发展情况下的最佳资源配置。

实施财务战略管理，除利用财务信息外，还利用非财务信息，改变了传统财务管理中单一财务的业绩计量手段和模式，使高校能够根据财务战略的不同，制订不同的业绩评价标准，将业绩评价与战略管理有效结合。这样不仅有利于实现战略目标在高校内部由上至下的传递，还有利于在业绩评价中实现结果与过程的统一，为促进高校竞争力的提升和竞争优势的持续奠定了基础。

二、有利于适应高校内外部环境急剧变化

财务战略关注的就是内外部环境的发展变化。正是内外部环境不确定性的加剧才导致财务战略管理的产生。环境的发展与变化也深刻地影响着财务战略管理的发展和变化。财务战略的理论研究与管理实践应是动态的、发展的和适应环境变化的。

自高校管理体制改革以来，我国的高等教育发展得非常快，越来越多的高校被推入竞争的浪潮，竞争成为一种突出的客观存在；同时，高校管理体制改革也逐步确立了高校相对独立的法人实体地位，从制度上保证了高校的竞争

主体地位，使其得以直接参与竞争。可以说，中国的高校已经进入"战略制胜"的时代，这是战略管理实施的一项最为重要的背景。

从现实情况来看，目前我国高校之间的竞争主要表现在这样几个方面：一是人力资源的竞争，即对高水平师资的竞争；二是生源竞争；三是办学资源的竞争；四是无形资源的竞争，如高校社会声誉的竞争。而随着我国进入新时代，高校的国际竞争逐步加剧。可以说，竞争已经无处不在、无时不有，其范围之广泛、程度之激烈，都已超出人们的想象。从持续时间上看，高校面对的是旷日持久的竞争，一旦开始，就不是一场百米赛跑，而是一场马拉松赛跑。从竞争结果来看，高校之间的竞争虽不像企业那样惨烈，但同样存在优胜劣汰的现象。可以说，高校同样经受着不进则退、缓进则退，甚至是"生存还是死亡"的巨大压力。因此，任何高校都再也不能像过去那样对自身的生存、发展和未来高枕无忧了，运用战略管理迫在眉睫。战略总是与竞争紧密联系在一起的。有人认为，"战"就是"竞争"，"略"就是"谋略、谋划"。高校发展战略就是谋划高校在发展竞争中根本性的、深层次的、影响深远的胜利或者双赢的策略，而非急功近利、浮躁冒进。因此，战略的研究与制订要重点解决学校"长远"可持续发展中的基础性、根本性问题，是标本兼治。从管理角度来看，任何组织总是力图从各个方面降低或减少环境的不确定性。在平衡的环境中这很容易做到，因为组织可以制定具体的政策、规章来处理日常事务。因此，高校只有开展有效的战略管理，才能为迎接一切机遇、应对激烈竞争创造良好的条件；才能集中精力迎接环境变化带来的机遇和挑战，采取积极行动优化在环境中的处境，迅速抓住机遇，减少与环境挑战有关的风险，更好地把握高校未来的命运；才能构筑并不断增强自己的核心竞争力，最终在这场马拉松赛跑中逐步取得名列前茅的地位。正如美国著名教育家、哈佛大学前校长德里克·博克在总结美国教育成功经验时所说："美国高校最突出的特点之一就是竞争，所有院校都在竞争。如果不是为了改变地位，至少也是为了避免衰落。"

因此，高校财务战略管理已成为高校适应内外部环境急剧变化、积极应对激烈竞争的必然要求。

三、有利于提高资产运营效率

高校传统财务管理体系围绕高校教学、科研活动执行相应的职能和任务，以各责任中心的费用预算为起点编制预算，其编制的预算往往与高校战略目标没有任何关联，资源配置和资产运营存在着低效率、低水平的缺陷。财务战略管理则围绕高校战略目标编制预算，以高校战略为预算编制的出发点，从战略的高度对高校各种资源和教学、科研活动进行预算和安排。预算所涉及的范围也不再局限于高校内部的教学、科研、行政、后勤等基本活动，而是把人力资源管理、教学管理、科研管理等价值链活动纳入高校预算管理体系中，并在预算编制中综合考虑反映学生、其他高校和政府主管部门的其他战略性因素。

财务战略管理促使高校从战略高度实施财务管理，将高校财务管理引向高效、有序。对于高校如何筹措资金，如何保证高校长期资金的可靠性和灵活性，如何不断降低高校长期资金的成本，如何投资以获得经济利益和竞争优势，在高校环境风险增加的情况下，如何在筹资、投资等组成的综合性财务活动中规避风险等，这些问题都要求高校必须重视财务战略问题的研究，运用战略思想和方法，谋求低风险、低成本，资本结构最优，实现高校长期、稳定、可持续发展。因此，从战略高度统筹规划，增加融资渠道，节约办学成本，向战略管理要效率，是高校在竞争中取胜的法宝。基于战略的资金流动，才是高效的资金流动；基于战略的资金增值，才是有意义的资金增值。财务战略管理是提高高校资产运营效率的关键。

四、有利于优化资源配置

在资源有限的情况下，如何将有限资源运用于高校发展的关键领域，是高校管理者必须进行的选择。国外一些一流高校通过实施战略管理，集中有限资源用于战略性、关键性的发展领域，"有所为，有所不为""有先为，有后为"，保证在不断取得阶段性成果的同时，实现高校的战略目标，实现跨越式发展。这种跨越不仅是学校规模的扩大、经费投入的增加，更是办学思想、理念和体制上的突破；是在积极吸收前人、他人经验教训的基础上赶超型的发展；是抓住机遇、突破原有模式的创新性的发展。这为我们提供了宝贵的经验。

总之，高校财务战略管理既适应高校内外部环境的急剧变化，又满足积极应对激烈竞争的必然要求；既通过有效地配置高校的资源提高资产运营效率，又最大化地实现国有资产的增值，保证高校持续、健康发展。

第四节　高校财务战略管理强化方案

一、拓宽融资渠道，缓解资金压力

拓宽融资渠道最重要的是积极构建高校自身的核心竞争力。高校应充分认清自身优势学科和专业，准确判断外部环境变化和发展趋势，扬长避短，提高生源质量，争取财政更多支持。另外，高校应积极开展租赁业务，对于某些大型的、价格昂贵的教学仪器和实验设备可以从其他企业租赁使用，减少费用支出或与其他高校合作使用，实现资源共享，美国的高校联盟的案例也可以借鉴学习。

积极向当地知名企业或与学校专业相同、相近、有业务往来的企业募捐，以获得资金支持；加强校友会建设，构建校友交流沟通平台，特别是网络平台，及时告知学校发展的具体事宜，争取他们的积极支持和帮助，开通网络募款窗口，积少成多。

积极推行后勤的社会化改革，减少后勤人员，减少专门行政人员，以充实教学、科研部门，降低行政管理费用，提升资金使用效率。

二、构建财务会计和管理会计双轨制管理体系

高校加强财务战略管理，应重视构建双轨制管理体系，以提升财务管理质量和效率。双轨制管理体系主要包括财务会计和管理会计，其中，财务会计的作用是通过一定的会计程序为高校财务部门工作提供准确的财务信息；管理会计主要是通过特定的方式为高校决策提供所需信息。高校要提升财务管理的效率，可以对单位的会计机构进行改组，并且分离出一部分会计人员专门从事财务管理工作，通过对高校的会计信息进行分析和评估，为高校决策提供可行性建议。高校通过建立科学的财务管理体系可以提升资金利用效率，并且降低投资风险。

三、科学决策，理性投资

投资需理性，决策要科学。高校投资要经过党委集体研究通过，要经过专家科学论证，避免盲目和草率，做好长短期规划。高校在投资中要充分把握投资的时机和投资的步骤，有计划、有目的地进行，有效地做到投资规模、方

式与高校整体发展战略相适应，投资收益与风险相协调，努力达到有限资金的收益最大化。

此外，高校应克服与市场相脱离的封闭状态，努力走出实验室，走进企业和一线，走进市场，锻炼和提高自己的市场敏感性，紧密结合产学研，加大投资，坚持创新，鼓励原创，努力研发各种技术专利等无形资产，为社会贡献自己的智力成果。

四、完善财务管理体制，优化支出结构

高校贯彻落实财务战略，首先需要明确财务管理的方向和目标，然后根据自身的运营情况制定科学、有效的财务管理制度，并在实际的财务工作中不断加以完善，以确保高校各部门严格按照财务制度落实工作；另外，要对高校各级管理部门及部门岗位的财务管理职能进行明确，以提高财务管理效率。

（1）制订科学、详细的财务战略规划。高校在运营过程中不仅要加强教学建设、科研工作等，还要合理规划办学资源。这就需要高校财务部门做好财务战略规划，以保证高校教学活动的有序开展，通过制订科学的财务战略规划，可以最大化地利用各类教学资源。

（2）构建财务管理体系。高校实施财务战略，需要将财务管理目标细化，分解财务管理责任，可以建立责任中心，实现不相容岗位的分离，通过相互监督，确保财务工作的有效落实。

五、加大绩效考核研究和实施力度，优化绩效考核效果

高校要正确理解绩效考核的实质与内涵，提高绩效考核管理的水平。绩效考核要平衡教学和科研的关系，体现行政部门的重要作用，有利于提高广大教职工的工作热情和积极性。

因此，高校要科学、全面、合理地构建绩效考核评估体系。绩效目标的制订要有全局性、战略性，各项绩效考核评价指标在实际运用中要切实可行，对教职工和相关部门的考核评价要客观、公正、科学、有效。换言之，高校绩效考核要能不断提升教职工个人能力，从而更好地服务于教学科研和各项管理工作。高校绩效考核也要与时俱进，体现先进的管理思想，积极引入信息技术。

综上所述，虽然高校目前在财务战略方面取得了一些成果，但是随着外部环境的快速变化，高校在投融资、风险管理和绩效考核方面还有很多的问题急需解决。高校要紧密围绕学校发展战略，切实认识和整合利用自身所拥有的

各种有形资源，充分挖掘各种潜在的无形资源，以具有前瞻性、长期性、全面性的财务战略为指导，更好地服务于教育事业，进而增强高校的竞争优势。

第六章　高校资产管理

第一节　高校资产管理基本理论

一、高校资产的概念

高校国有资产是法律上认定国家所有的，高校占有、使用的，能用货币可靠计量的所有经济资源。高校资产主要包括房屋建筑物、科研设备、土地、图书资源、无形资产、专利技术等。《教育部直属高等学校国有资产管理暂行办法》规定："高校国有资产包括用国家财政资金形成的资产、国家无偿调拨给高校的资产、按照国家政策国有资产组织收入形成的资产、接受捐赠资产，其表现形式为流动资产、固定资产、在建工程、无形资产和对外投资等。"高校国有资产与国有资产一样，都可以分为经营性与非经营性国有资产。

高校经营性国有资产是指能够在完成高校教学任务和科研成果的基础上，根据国家政策的相关规定，通过投资、入股、出租出借、合作等形式从事生产产品、流通产品、提供经营服务等，取得经济收入的国有资产。高校非经营性国有资产是国家拥有所有权，高校进行教学、科研活动所占用、使用的，能够以货币可靠计量的各类资产。高校非经营性国有资产有三个特殊性：一是非营利性，这是它的基本特征；二是国家拥有所有权，这决定了非经营性国有资产产权归属的问题；三是科研与高等教育事业的特殊性。高校属于事业单位，拥有的非经营性国有资产种类繁多、数量庞大、用途多样。这种特殊性质的事业和非经营性国有资产的特征，是造成非经营性国有资产在高校中管理复杂的原因，这也导致了政府颁布的政策法规在高校实施过程中容易出现问题。

二、高校资产管理的目标

高校资产是高校的重要资源，对学校的可持续发展具有至关重要的作用。如何充分发挥高校现有资产的社会效用，实现资产的优化配置，做好资产管理体制的改革是关键的一环。高校资产管理体制改革的目标具体表现在以下几个方面：

（1）资产存量的安全和完整，即保证高校资产的产权和资产的存量不受人为或者非正常的侵害，保障资产的完好无损。

（2）资产的合理使用。资源共享机制的建立对提高高校资产的利用率有关键性作用，同时对仪器设备、车辆、办公场所等实行专业化管理，对各学院、各行政办公部门的资产利用效率建立评价制度，使资产的使用合理、高效。

（3）资产的优化处置。把市场经济机制引入高校资产的处置环节，即引入竞争机制，完善资产的交易市场，同时将资产的处置程序一律规范化管理，消除资产处置的随意性，防止滋生腐败。

（4）资产的配置合理。首先，控制资产的数量，即在保证高校正常完成教学和科研任务的前提下，避免因贪图数量而过多购置资产造成的资源浪费。其次，加大校内预算的执行力度，根据各资产使用部门的性质和轻重缓急合理配置资产，防止因资产重复购置带来学校办学经费的浪费和运行成本的提高。

（5）资产的高效管理。建立清晰、高效的资产管理组织机构，分级授权，层层管理，保证高校资产处在全过程、全方位的管理中，完善资产的网络信息管理系统，保障资产基础数据的及时性和准确性，为资产管理者的决策提供服务，保障高校资产的高效管理。

三、高校资产管理的特点

高校属于事业单位，主要是提供教育服务和精神产品，从思想、文化、精神等方面做出贡献。所以，高校资产管理的主要任务是通过充分利用高校内部的人力、财力、物力，合理安排支出，杜绝各种浪费，勤俭办学，调动教师积极性，提高教学质量，努力提高高校资产效益和管理的有效性，提高工作效率，使高校能培养出更多高质量的人才，多出科研成果。[①] 然而，高校的事业活动受很多因素的影响，并且多以社会效益的间接形式表现出来。因此，高校资产管理的特点主要表现为以下几点：

（1）消耗、占用与产出成果之间不存在线性关系，资产投入与产出相关程度不高。

（2）资产使用的产出成果难以用货币计量，难以用经济效益为标准考核。

---

① 　陈思维，王会金，王晓震 . 经济效益审计 [M]. 北京：中国时代经济出版社，2002：57-58.

（3）由于高校的事业活动本身不创造物质财富，其资产管理业绩的优劣往往表现为资源消耗和占用的节约量，或教育服务数量的增加和质量的提高。

四、高校资产管理体制

（一）高校资产管理体制的含义

高校资产管理体制是指国家为实现高校资产的有效管理而设置的一整套管理组织、管理机构，包括这些组织和机构的职能及其内部各个层次、各个环节之间的责、权、利的划分，以及适应教育发展需要而建立的有关高校资产管理的各种规章制度和管理方法的总和。

高校资产管理体制是我国国有资产管理体制的重要组成部分，是高校通过一定的形式和制度对高校国有资产进行管理，是国家管理经济职能的制度化体现。建立科学、高效的高校资产管理体制，首先，可以明确资产管理过程中相应的权、责、利关系，保证高校资产保值增值，有效防范高校资产流失，维护高校资产的合法权益，努力提高高校资产运行效率，实现其预定的经济、社会目标；其次，可以更好地贯彻国家有关部门资产管理的各项方针、政策、法律、法规，巩固和发展教育事业，实现科教兴国的战略目标。

（二）高校资产管理体制的历史回顾

我国高校资产管理体制的发展是伴随着我国经济体制的发展而发展的。随着我国高等教育投资主体从单一化向多元化的转变，我国高校资产管理体制也发生了相应变迁。我国高校资产管理体制的变革经历了以下两个历史阶段：

1.计划经济体制下的高校资产管理（1949—1979 年）

实际上，在传统的计划经济体制下，我国实行的是单一的公有制经济。在这种经济体制下，国有资产完全属于国家所有，不允许产权变更。政府一直是高等教育的唯一投资主体，财政拨款是高校经费的根本来源。高校资产是国家财政投资的结果：固定资产由国家财政无偿投资，流动资金主要由财政拨款，临时性资金由银行贷款解决。政府既是高校资产的所有者又是经营者，既是举办者也是办学者。高校所有事务都必须遵循政府制订的计划来办事，所有运行规则都由政府制定，而高校只是完成任务而已。这种高度集中的管理体制，使高校长期处在强调政府控制为基础的制度环境之中。在这一时期，尽管存在对高校资产的有效管理，但并没有明确高校资产及其管理体制的概念。高校资产管理没有专门的机构，基本上按行政隶属关系分口管理。高校没有自主权，也缺乏相对独立的经济利益。在经济上不考虑盈利目标，在财务上不承担保值增值任务，高校资产实际上无人负责。高校资产利用率低、效益差，资产流失、浪费等现象是高校资产管理的通病。

2.市场经济体制下的高校资产管理（1980年至今）

改革开放后，尤其是党的十四大以后，我国确立了社会主义市场经济体制，明确了高校改革方向，逐步对高校管理放开。党的十五大提出以公有制为主体、多种所有制经济共同发展，确立了社会主义初级阶段的基本经济制度，并提出培养和发展多元化投资主体。党的十六大提出坚持和完善以公有制为主体、多种所有制经济共同发展的基本经济制度，继续调整国有经济的布局和结构，改革国有资产管理，在坚持国家所有的前提下，充分发挥中央和地方的积极性，建立中央政府和地方政府分别代表国家履行出资人职责，实现权利、义务和责任的统一，管资产和管人、管事相结合的国有资产管理体制。随着高等教育体制改革的深化及高校作为独立法人主体的确立，高校开始成为向社会自我筹资、自我发展、自我约束的独立主体。《中华人民共和国高等教育法》第三十八条规定："高等学校对举办者提供的财产、国家财政性资助、受捐赠财产依法自主管理和使用。"在这种情况下，高校原有在计划经济体制下的资产管理显然不能适应高等教育投资主体多元化和高校超常规发展的需要。绝大多数高校已进行改革，建立了与市场经济相适应的集中与分级资产管理体制。这一时期，高校资产管理实行"统一领导，集中或分口、分级管理，各负其责"的原则，由高校的各个部门对高校资产进行管理。党的十九大以后，教育部进一步整顿了高校秩序，规范了高校行为，整合高校有限的资源，提高了资产利用率。

（三）高校资产管理体制框架构建的设想

高校资产管理体制主要包括高校资产管理机构的设置、高校资产管理机构间管理职责权限的划分、高校资产管理规章制度和高校资产管理原则等。

1.机构设置

高校资产管理工作首先应实行校（院）长负责制，并成立国有资产管理领导小组，由校（院）长直接领导，协调学校国有资产管理工作。对于学校重大项目的购建或投资，应该由国有资产管理小组讨论和批准后才能实行。其次，学校还应设立资产管理处，由专门主管国有资产管理工作的领导负责，从宏观上统一管理学校的经营性国有资产和非经营性国有资产，承担国有资产领导小组日常工作。在资产管理处下分设招标采购办、物资设备管理科和房地产管理科，专门负责学校非经营性国有资产的管理。招标采购办负责学校物资采购管理；物资设备管理科负责管理教学、科研、办公所有的专用设备和一般设备；房地产管理科管理学校所属的房屋建筑物、土地等资产。对于经营性高校资产具体管理工作，可由校办产业、后勤服务公司等经营实体负责。

2.机构间职责划分

在高校资产管理过程中，不同的管理部门应该承担不同的责任。国有资产管理处作为高校资产管理的职能部门，主要职责是制定经营性资产和非经营性资产占有和使用的规章制度，并监督各部门贯彻执行。在对非经营性资产管理方面，国有资产管理处还应负责高校的无形资产的管理，具体包括：对以无形资产投资的重大事项进行审核；制订学校大宗物资招标采购的管理办法，负责学校大宗仪器设备、基建工程、材料等大宗物资和项目招标采购的组织管理工作；组织参与报损、报废大型仪器设备和房产、建筑物的检查论证工作。在经营性资产管理方面，国有资产管理处对经营性资产实行授权经营，保证其保值增值，形成系统的统计报告制度、财务专款指标评价体系和全面的监督体系。

在物资设备管理方面，其具体职责是负责全校设备仪器、运输工具的归口管理，对高校日常教学、科研、行政等单位的设备仪器、运输工具按国家规定建立账卡；审批设备仪器的报损、报废、报失，做好报废设备的残值回收工作；考核检查运输设备工具的完好率、利用率；负责设备仪器档案的建立和管理；编报设备仪器的年度计划；负责设备仪器、材料的入库验收和发放工作；组织在用设备仪器和各类物资的调剂使用；负责仪器设备完好率、利用率和成新率的检查考核。

在房地产管理方面，其具体职责是建立学校房地产信息数据库；制订房屋资源的分配办法和方案，对学校教学、科研、办公等共用房屋资源进行合理的分配和管理；编制全校公用房屋的定期修理计划，负责公用房屋修理工程项目的招标组织管理工作；做好报废房屋、建筑物的残值回收和处置工作。

3.管理原则

高校资产管理原则是指高校资产管理部门组织资产管理活动过程中应该遵守的准则。高校资产管理的原则必须与高校资产管理体制相适应。目前，我国高校资产管理体制正由行政事业性管理模式向经营性和非经营性资产共存的多元化管理体制过渡。因此，在制订高校国有资产管理原则时，应根据资产的经济性质采取不同的管理原则，将高校资产分为经营性资产和非经营性资产，制订各自的管理方式和原则，切不可一概而论。

（1）非经营性资产管理原则

①实物管理为主的原则。实物资产管理是高校资产管理的重中之重。无

论是高校国有资产的归口管理部门，还是使用单位或个人，都应该管理好实物资产，保证其完整，做到"账、卡、物"三相符。在对实物资产使用进行管理时，需要派专人维护、维修，维持其使用价值，以利于教学、科研工作的顺利进行和学校各项活动的顺利开展。

②专项管理原则。高校国有资产根据高校教育教学任务的分工和学科的不同，都有其特定的用途，因此要实行专项管理。高校的非经营性资产包括房屋建筑物与土地、专用设备、一般设备、文物及陈列品、图书等。这就要求在资产管理过程中根据资产所涉及的领域不同，针对各自不同特点，实行专人专门管理。

③效率原则。提高高校资产的使用效率，是高校资产管理中必须执行的一项基本原则。所谓使用效率，就是必须充分发挥高校资产的使用率，以保证使用部门的资产利用率。坚持效率原则，可以在资产使用过程中制订资产使用效果的考核指标，督促使用部门合理占用、有效使用。这也有利于做好高校国有资产的存量调剂工作，从而优化配置和有效利用，达到提高高校资产使用效益的目的。

（2）经营性资产管理原则

①效益原则。效益原则就是在资产的使用中，既要考虑经济效益，又要考虑社会效益。讲究经济效益是一切正常经济活动普遍遵循的一项原则。高校经营性资产，如校办企业对外的投资活动自然也必须遵循这一原则，这样才能保证经济发展，为高校建设、发展提供资金来源。但是，在讲究经济效益的同时，也要兼顾社会效益。比如，那些向社会提供产品或服务的校办企业、从事医疗服务的高校附属医院等部门，应该将追求社会效益放在首位；而对那些拥有高新技术、发明创造的校办企业在参与市场竞争追求经济效益的同时，也要考虑社会效益。高校资产管理的效益原则主要可以通过制订相应的考核指标来体现，通过具体的指标来考核高校资产的保值增值状况。

②价值管理原则。经营性高校资产管理是一种价值管理。在市场经济条件下，经营性高校资产的管理应从资产实物形态的管理转向价值形态的管理。对校办企业占有和使用的国有资产，应由校办企业生产经营的实际需要自主决定，而高校国有资产管理部门只从价值形态实行总量控制。高校资产的实物形态由校办企业管理，按照权、责、利相结合的原则，给予其充分的经营自主权。高校采取价值形态的管理方式，不仅能够保证高等学校国有经营性资产价值的完整无缺，还能够保证校办企业对资产的自主经营，扩大自主权，实现高校资产的增值。

五、高校资产管理模式

从目前我国高校实际情况来看，很多高校都根据自身特点采用不同的资产管理模式，归纳起来主要有以下三种：

（一）专门管理模式

专门管理模式又叫设备处模式。该模式主要由高校的原设备管理部门或实验室管理部门转变为高校资产管理的主要部门，负责全校的资产管理工作。采用该种管理模式的高校，一般是资产数额较大、设备数量较多、以理工科占优的大型综合院校。

这类管理模式的主要特点有以下几点：

（1）代表学校归口管理国有资产的购置经费的申请、分配，采购计划的论证、制订、实施、验收、建账、立卡等管理工作。

（2）归口管理学校的六大类资产。

（3）归口负责学校实验室人员的培养、使用、考核、职称评定等组织工作。

该模式的优点是实验室和设备管理的工作容易理顺，把资产管理与使用过程的管理进行了统一的协调，最大限度地避免了重复购置引起的国有资产浪费和流失现象。但是，由于在管理过程中涉及的职能繁多，牵涉人、财、物的综合管理，存在管理机构庞大、人员冗杂的缺陷。同时，在进行资产管理时，一定程度上会和财务处、后勤处等资产管理部门存在工作交叉，造成职责范围不清晰等问题。

（二）集中管理模式

集中管理模式又称资产处模式。该模式把高校原来分散在各处室的国有资产管理职能进行重组，组建一个资产处或国有资产管理处的机构，专门负责高校固定资产、流动资产和无形资产的管理。

这种管理模式的主要特点有以下几点：

（1）按照高校资产的分类从宏观上参与高校资产的管理工作，监督高校资产的使用情况。

（2）对教学、科研购置所使用的高校资产实行归口管理，并负责高校资产效益评价、考核、上报等工作。

（3）归口负责无形资产和固定资产的购置、申请、使用、分配情况。

高校采用这种管理模式，一方面可以精减高校资产管理队伍，提高高校资产管理工作的效率；另一方面可以全方位地加强高校资产管理工作，提高现有设备的使用效率；同时将设备采购纳入其职能范围，从而最大限度地避免了重复购置等引起的浪费和国有资产流失。这也是目前我国大多数高校普遍采取的一种资产管理模式。

（三）分散管理模式

在分散管理模式下，高校撤销了原有的国有资产管理机构，将原来的这些机构的职能分散到其他职能科室，如财务处、教务处、科研处、后勤管理处或校办公司等。采用该种管理模式的高校，或者是原来没有专门的资产管理机构，或者是将原来的资产管理机构职能分散。

这种管理模式的主要特点有以下几点：

（1）负责资产管理的各部门各尽所能，财务处下设国有资产管理科负责财产账。

（2）教务处或科研处下设实验室或设备管理办公室，负责实验室和设备管理工作。

（3）后勤管理处负责学校房屋的管理，在后勤处下设专门的采购中心，履行采购供应职能。

这类管理模式的最大优点是：由于撤销了原有机构，职能分散，使得高校机关部门精简，减少了资产管理人员。然而，这类资产管理模式存在着明显的缺陷。由于职能分散，该种管理模式下的高校资产管理工作在学校中地位低、作用不明显，容易造成资产管理职能缺位等问题。再者，由于没有一个统一领导的国有资产管理部门，国有资产宏观管理工作难以开展，造成在资产预算、采购、清查等工作中没有统一的部门领导，容易造成重复购置和组织清产核资困难等难题。在国有资产管理具体工作中，由于没有专门的国有资产管理机构代表学校行使国有资产管理职能，导致分散在各部门的资产需要进行相互协调、统一调配，管理成本较高，使一些国有资产管理事务难以得到落实和解决。

以上是对我国高校主要采用的资产管理模式特点的概述。对于哪种管理模式更适合我国高校的实际情况，不能一概而论，应该结合高校的自身特点进行选择。纵观我国高校资产管理模式的发展可以发现，高校资产管理模式的发展是伴随着我国经济的发展而来的。在计划经济体制下，一般高校都采取无专门的国有资产管理机构模式；而在现今市场经济体制下，大多数高校都改革制度、创新管理，采用资产处管理模式。成立资产处将高校六大类国有资产集中进行管理，是符合当今高校发展需要的，它可以加强高校资产的微观管理、宏观管理和监督管理，提高高校资产管理效率。特别是由几所中专学校合并成立的高职学院，更应向本科院校学习，成立资产管理部门。

第二节　高校资产管理强化策略

资产运行的好坏及效能作用的正常发挥，取决于高校平时科学、严格的资产管理、维护和保养体系。因此，强化资产管理措施，落实管理、使用、维护职责，着力解决重复购置、随意使用、管理混乱、资产流失严重等问题，充分发挥资产应有的作用，实现资产的保值增值是高校当前资产管理工作的重中之重。

一、拓宽资金渠道，降低资金成本

面对国家财政投入少，学费、住宿费收入少，债务资金比重大的不利局面，高校要满足教学、科研需要，就必须改变"债多不愁，由国家做后盾"的思想，采取有效措施，拓宽资金来源渠道。

（1）加强资金管理，严格执行不相容岗位相互分离制度、对账制度和稽核制度；定期盘点库存现金，核对银行账目，杜绝坐支现金和白条抵库，严格执行"收支两条线"的规定，严格遵守库存现金限额管理，严格按《现金管理暂行条例》规定的现金使用范围使用现金，消除资金管理中的安全隐患。

（2）积极争取国家政策支持，主动与财政部门、教育主管部门和发展改革委员会等部门进行沟通，扩大高校办学主权，大力争取财政专项资金，确保国家财政拨款稳步增长。

（3）利用学校丰富的教育资源优势和良好的社会影响，努力扩大函授、夜大、短期培训、脱产等办学规模，积极开展社会有偿服务，通过社会捐赠、赞助、盘活资产、开展合作等途径，以及校友会、基金会等多种形式，广泛吸收社会资金，精打细算增加学校收入。

（4）根据财权与事权相结合的原则，协同相关部门积极探索、建立健全与目标、责任、绩效挂钩的资源分配机制、风险评估管理和风险预警机制，健全债务内部管理制度，防范财务风险，制订具体的措施办法，完善以内部控制为核心，以大额资金流动集体决策、常规资金支付授权审批等为重点的资金安全管理制度，实行严格的岗位职责分工、不相容职务分离，系统分析经济活动风险，确定风险点，选择风险应对策略，严格督促相关工作人员认真执行，定期提交经济活动风险评估报告。

（5）加大学校学费、住宿费清理催缴力度，充实学费清理催缴人员，利用电子信息化系统建立全校学生个人缴费台账，核准信息，加强与学校教务处、学生处、各院系的协调沟通，利用缴费情况与选课情况挂钩、与选课成绩挂钩，确保学费、住宿费应收尽收，严禁拖欠，并严格实行"收支两条线"管理，及时足额上缴财政专户，积极主动申请财政及时返拨，保证学校收入及时到位，满足教学、科研资金需要。

（6）规范收费工作，严格按照发展和改革委员会批准的收费标准收费，收费时必须出具收费票据，不得扩大收费范围和提高收费标准，更不能自立名目收费，严格执行"收支两条线"管理规定，不得随意截留、挪用资金，确保资金足额收取、足额上缴。

（7）加强票据管理，严格按照规定程序办理票据的领用、发放、开具、收缴、核销等手续，确保票据的安全。

（8）进一步保持和加强与银行等金融机构的战略合作关系，积极争取信贷资金，同时通过处置或置换学校闲置校区地产，优化配置学校资源，最大限度地筹集办学资金，努力降低学校债务、减轻利息负担、降低资金成本，确保学校又快又好地发展。

二、定期清理往来款项，降低借款金额

针对往来款项科目设置多、年末余额大、期限长的状况，高校应当建立健全有效的往来款项清理催缴机制和核销机制，采取有效的控制措施，采用强硬的管理手段，加大往来款项的清理催缴力度，努力减少往来款项科目数量和降低往来款项余额，缩短资金占用期限，提高资金使用效率。例如，对于高校职工借款或为职工垫付款可以按照"源头从紧，限期报销或归还，过期扣款"的措施进行控制；对于学校各部门和教职工日常零星开支一律使用学校为教职工办理的公务卡、银行贷记卡支付款项，经办人员按学校规定报销后由学校财务部门在到期前一周内归还刷卡金额；对于大金额的设备购置，规定学校一律不借支票、不事先汇款，必须验货见票后才支付款项；对于那些期限长、难以查明原因、确实无法收回或支付的应收款、垫付款、应付款等往来款项，应落实责任，按规定程序批准后核销或转销，降低往来款项余额。

三、加强税务管理，减少纳税风险

首先，改变校内各部门开具税务发票所涉税费由学校统一垫付的现象，

"先交税费再开发票"，凡要开具税务发票的必须先将所涉税费全额交到学校财务账上，后给予开具税务发票，避免出现学校垫付相关税费后，长期收不回或忘记收回的情况。

其次，深入掌握和理解各税种的征税范围和减免税优惠，聘请高校税务专家全面分析学校收入中哪些属于不征税收入、哪些属于减免税收入、哪些属于征税收入，在账务处理时严格遵循税法的规定，设置专门的会计科目，严格单独核算征税收入、减免税收入与非涉税收入，避免"未分别核算的，合并征税；未单独核算的，不得享受减税、免税待遇"的行为。

最后，应将学校涉税收入与其对应的税种、税率、涉税环节、应纳税额的计算、缴纳期限和相应的减免税优惠条件进行详细的分析，努力创造与税收优惠相符的条件，将可能涉的收入纳入减免税收入核算，最大限度地享受税收减税、免税政策，以达到降低税负的目的。比如，高校开展科学研究取得的科研课题费收入，只要经过省级科技厅确认就可以免征各项税费。为享受此优惠政策，高校就应想方设法采取有效措施取得省级科技厅的确认。又如，针对高校每个学期末、每年年末除正常工资外会发放大量的课时补贴、加班补贴、劳务费、学期奖励、年度奖励、超课时奖励等而导致阶段性税负较高的情况，高校可以采取下列 3 种方式予以纳税筹划，合理避税。

（1）利用个人所得税按月计算纳税的规定，把高校集中在每个学期末、每年末发放的课时津贴、加班补贴、奖励等事先进行平均，分散到每个月发放。这样能够避免个人所得税阶段性税负较高（即平时税负低，期末年末税负剧增）的问题。

（2）利用全年一次性奖金个人所得税的计算规定，把学期末、年末加发的课时津贴、学期奖励等合并起来，按除以 12 个月后的商数确定适应的税率和速算扣除数计算缴纳个人所得税，享受年终一次性奖金的优惠政策。

（3）制订相关课酬、津贴等转为科研课题费的管理办法，把应当发放给教职工的部分课酬、津贴等划转到教职工个人的科研课题费中，允许教职工以合法、有效的发票等票据报销相关费用。

四、加强资产管理，避免重复购置

要避免高校固定资产重复购置、随意使用、管理混乱、流失严重的现象，高校应当强化资产管理措施，健全资产批购用保管理机制，着力加强固定资产申报、批准、采购、验收、使用、维护、保管、处置等关键环节的控制，夯实资产基础，做实、做细固定资产，提升资产管理效益，充分发挥资产有效功能，努力做到"物尽其用，用必有果"，彻底改变当前固定资产管理"采购时不管价格，验收时不看实物，使用时不知所何，盘点时不知所终"的现状。

（一）规范固定资产审批、采购、验收行为

1.统一固定资产购置申报、审批程序，严格执行审批手续

高校应当制订具体可行的、规范的固定资产购置申报、审批程序，要求高校各部门在购置固定资产前，特别是购置价值较大的固定资产前，必须向学校资产管理部门提交购置申请，首先由学校资产管理部门在学校现有资产中统一调剂配置，若无法调剂且必须购置的，由申请购置部门组织相关专家会同资产管理部门、财务部门、监察审计部门相关人员从技术性、经济性、实用性、必要性等多方面进行科学、充分的可行性论证和效益评估，并提交一份由专家签署意见的固定资产购置可行性论证报告和效益评估报告，同时注明购置资金来源及金额；学校资产管理部门受理申请后，严格按照"必需、节约、有效"的原则签署审批意见，并报学校分管领导审批；学校领导同意后，由学校资产管理部门汇总统一安排下一步的购置活动，切实解决当前高校各部门购买设备的随意、无序状况。

2.统一固定资产验收办法，规范验收程序

高校应当制订统一的固定资产验收办法，严格固定资产验收手续，指定资产管理部门和监察审计部门等专人亲自对所购设备的品种、规格、型号、数目、质量、单价、金额和其他相关内容进行实地验收，详细登记验收固定资产的各项指标（品名、规格、型号等），明确保管责任人和资产使用人，落实存放地点，并出具验收报告，以防止有名无实、虚领谎报、随意侵吞学校资产的违法、违纪行为。

3.统一固定资产采购办法，规范采购付款行为

高校应当建立健全固定资产政府采购预算与计划管理、政府采购活动管理等内部管理制度，明确相关岗位的职责权限，确保政府采购需求制定与内部审批、招标文件准备与复核、合同签订与验收、验收与保管等不相容岗位的相互分离，建立预算编制、政府采购与资产管理部门或岗位之间的沟通协调机制，规定统一的购置标准，限定社会信誉好、产品质量高、售后服务棒的供货单位；坚持固定资产购置的决策、监督、执行、付款、验收等诸环节的有机结合，相互制约，以达到合理配置和利用各项资源，杜绝不必要的浪费和违法、违纪行为。高校各部门必须根据批准的固定资产购置申请，按规定的标准编制政府采购预算，由学校资产管理部门按照已经批复的固定资产购置申请集中制订政府采购计划，采用公开招标形式，定期、统一、集中招标采购，改变当前

由校内各部门自行选择供货单位，价格由各部门与供货单位协商确定的零星、随意的采购行为，增加设备采购的透明度，尽可能以最少的投入获得最大的社会效益及经济效益。公开招标必须实施归口管理，由学校资产管理部门会同财务部门、审计部门、纪检监察部门统一负责，具体落实公开招标的整个过程。按规定确定中标单位后，由申请部门、资产管理部门和供货单位签订具体的经济合同，明确三方的权利、义务，同时加强合同签订、履行过程的严格监控。对于影响特别大、涉及较高专业技术或法律关系复杂的合同，高校应当组织法律、技术、财务、审计等工作人员参与谈判，必要时可以聘请校外专家协助工作。资产管理部门应当对合同实行全过程管理，加强对合同登记管理和合同信息保密管理，定期对合同进行统计、分类、归档，详细登记合同的订立、履行、变更和完成情况。合同执行过程中因特殊原因导致无法按时执行的，高校应当严格按照国家有关规定及时采取有效应对措施，签订补充合同或变更、解除合同，谨防合同纠纷。学校财务部门应当严格按照签订的合同，根据经办人按规定办齐手续的合法的报销单据，按时足额付款，并严格审查审批手续是否完备、票据是否合法、经费是否到位。

（二）规范固定资产配置、使用、维护行为

高校应当健全固定资产事前、事中、事后管理，日常监督和专项监督相结合，配置、使用、处置相协调和良性循环的具体管理办法，专门设置资产管理岗位，明确相关岗位的职责权限，特别是落实保管责任人、使用人在资产保管、使用中的责任和相关要求，建立健全相应的固定资产用管约束机制、激励机制和损坏赔偿追究机制，强化对固定资产配置、使用、调剂、处置等关键环节的管控，规范固定资产使用行为。

首先，资产管理部门应当按照国家相关要求，健全资产信息管理系统，借助现代信息技术手段，做好固定资产的统计、报告、分析工作，全面、及时掌握学校固定资产管理信息，实现对固定资产入口、使用到出口等各个环节的动态管理，并对固定资产实行分类、归档、集中管理，突出资产管理部门的责任，认真做好固定资产的使用管理工作，在学校内部实行资源共享、优化配置、统一调度、调剂使用，建立健全固定资产使用目标考核责任制，对学校固定资产实行绩效管理，充分调动学校各部门及其相关人员的积极性，全面发挥固定资产最好的功效，最大限度地提高使用效率，避免闲置和浪费，为管好、用好固定资产奠定基础。

其次，严格固定资产保管及使用行为，安排专门人员负责固定资产的保管，强制要求学校所有固定资产集中保管、统一安排使用。在使用时，由使用

人填写固定资产使用申请表，列明使用事由、使用期限，报部门负责人审批同意后，由保管人将其所需固定资产移交使用人，并向使用人提出具体的要求，提醒其按期归还。健全固定资产交接制度，在使用过程中，保管人应当对使用人使用固定资产的情况进行监督检查；使用人必须无条件接受保管人的监督检查，发现问题，及时提出整改意见和建议，防止固定资产使用中的不当损失和浪费。

最后，加强固定资产的清查盘点和日常维护维修的管理。资产管理部门和部门资产保管人应当健全固定资产财产清查制度和损坏赔偿责任追究制度，设立专人、专岗负责定期对所占有、使用的固定资产品种、数量、存放地点、使用人、保管人、使用状态等进行清查盘点，做到家底清楚，账、卡、物相符；定期检查固定资产使用状态和检测设备运行状态，定期进行保养。若需要维护维修，先保证在售后"三包"服务期内由供货方或生产厂家解决，无法在"三包"服务期内解决的，统一由学校资产管理部门安排专人负责解决，维护、维修费用统一由学校预算安排的设备维护、维修费列支。

（三）规范固定资产出租、出借、处置行为

高校对固定资产实行集中管理、统筹安排、优化配置、调剂使用，对于暂时不用而不宜处置的，由资产管理部门集中起来，进行必要的可行性论证后，报经主管部门审核同意后，可以统一办理固定资产出租、出借。在出租、出借时，高校必须办理相关报批手续，详细登记出租、出借固定资产的品种、规格、型号、数量、质量、单价、金额和其他相关内容，并与需求方签订相关资产出租、出借合同，具体明确双方权利，明确出租、出借期限，租金金额及付款时间和付款期限，租金交纳方式和交纳地点等内容后，方可统一对外出租、出借；同时，必须将租金收入全部纳入学校统一核算、统一管理，相关支出由学校资产管理部门统筹安排，实行"收支两条线"管理，充分挖掘固定资产潜力，最大限度地发挥固定资产的使用效益。

对于闲置的、报废报损的、非正常损失的、已超过使用年限确实无法使用的固定资产，首先由学校资产使用部门提出处置申请，经学校资产管理部门组织校内外专家进行充分的论证，并出具固定资产报废、处置意见，由学校资产管理部门统一向上级主管部门办理资产报废、处置的相关审批手续，经上级主管部门批准后，招标、聘请具有相应资质的评估机构进行资产评估。以评估价为底价，按照公开、公正、公平的原则采用拍卖、招投标、协议转让等方式进行公开处置，增加固定资产报废、处置的透明度，并将处置收入纳入单位统一核算，实行"收支两条线"管理，坚决杜绝"小金库"的出现。

（四）规范固定资产会计核算行为

高校应当规范固定资产的会计核算，明确学校各部门的职责权限。按照当前高校的固定资产核算模式，学校资产管理部门和财务部门都有责任分别对固定资产进行会计核算。

学校财务部门应当采用账务处理系统对固定资产增加、减少、结存的总账、明细账进行核算，严格按照《高等学校财务制度》的规定对固定资产进行分类核算。

学校资产管理部门应当使用固定资产管理系统对固定资产进行较为全面的总账、明细账、卡片账"三账一体"的详细的会计核算和恰当的数量管理，设置专门岗位，安排专人负责学校固定资产的核算。在固定资产管理系统明细账和卡片账中，应当详细记录固定资产数量、金额、规格、型号、使用单位、使用人、存放地点、保管人、外观形态（即外观完好还是有损伤，损伤状态如何）、性能状态等，确保固定资产账账、账卡相符。

同时，学校财务部门和资产管理部门应当按照定期清查盘点结果及其原因进行规范的账务处理，对确实已处置转出、投资转出、被盗、遗失、拆除的设备或房屋、建筑物等，应当及时根据相应的处置报废资料从账务处理系统和固定资产管理系统中核销；对于清查盘盈的固定资产，同样要按重置价格或市场价格及时在账务处理系统和固定资产管理系统中增加，避免账实不符。

另外，当前各高校校园内种植了数量多、品种多的花草树木，也包括较多的文物和纪念品，但这些资产都没有在学校账务处理系统和固定资产管理系统中反映出来。因此，高校相关部门应当规范高校动植物、文物、纪念品等的核算，完善高校固定资产会计核算制度，全面反映高校固定资产实情。

五、健全对外投资管理制度和责任追究制度

高校要适应竞争激烈的市场经济，改变对外投资少、范围小、投资风险防范意识差的不良状况，就必须完善对外投资管理制度，合理设置投资管理岗位，明确相关岗位的职责权限，确保对外投资可行性研究与评价、对外投资决策与执行、对外投资审批与执行等不相容岗位相互分离，通过学校领导班子集体研究、专家论证和技术咨询相结合，全面开展对外投资的可行性分析论证，根据投资目标和规划，科学确定备选投资项目，拟订投资方案，由学校领导班子集体决定对外投资的项目和金额，避免盲目投资，或者贪大贪快、乱铺摊子的现象，保证投资活动在严格控制下进行。

严格按照国家对外投资有关规定和学校授权审批制度、风险控制制度、

投资管理制度与被投资方签订投资合同或协议，明确出资时间、金额、方式，双方权利、义务及违约责任等内容，合理安排资金投放结构，恰当处理资产流动性和营利性的关系，通过对外投资保持合理的资产结构，在保证高校资产适度流动性的前提下追求最大营利性；加强对外投资项目的追踪管理，重点关注投资风险，健全严密的投资资产保管制度和会计控制制度，明确保管责任，健全账簿体系，严格账簿记录，及时、全面、准确地记录对外投资的价值变动和投资收益情况，加强对外投资回收和处置控制，健全责任追究制度，对在对外投资中出现重大决策失误、未履行集体决策程序和不按规定执行对外投资业务的部门和人员，以及无法收回到期投资的，应当建立责任追究制度，追究相应部门和人员的责任，改变高校对外投资随意、无序、无效的状况，选准、选精投资项目，谨慎投资，提高投资效益。

六、健全考评制度，重视激励机制

高校应当结合本校实情，建立健全切实可行的资产管理工作考核机制和科学的激励机制，重视评价结果运用，加大奖惩力度。资产管理工作考核机制是对高校资产管理情况和管理效果的评价标准、评价措施和评价程序做出详细、明确规定的一种制度，是对学校内部资产管理行为的一个定性、定量的评价标准，既为高校资产管理提供指导性方向和目标，又为评价高校资产管理情况提供依据和标准，是高校资产管理的关键环节，也是工作量最大、难度最高的环节。在这个环节中，不管是学校高层管理者，还是一般的师生员工，都能够发现高校资产管理存在的缺陷，以及有什么样的、多大程度的偏差，它们是由什么原因引起的，应采取什么样的措施等。可见，该环节的工作影响着整个资产管理的效果，因此，高校要进一步完善资产管理工作考核机制。

（一）必须明确工作考核是什么

高校进行资产管理的主要目的是防止、发现或纠正资产使用中的错误和舞弊行为，以保证高校的资产安全运营，维护国家的利益。因此，高校资产管理工作考核机制应该围绕高校的资产管理制度是否完善、健全，是否得到了积极的、严格的贯彻执行，是否有效地防止、发现、纠正了高校资产使用中的错误和舞弊行为来进行。

（二）必须明确由谁来考核

要保证资产管理工作考核的客观、公平、公正及权威性，必须由具有相对独立权限的机构来负责。该机构应直接由校长、书记垂直领导。例如，高校可以建立一个由校长或书记为主要负责人，由各关键部门领导为成员的"资产管理考核小组"，并赋予其独立的、专门对资产管理与经济效益进行监督与考核评价的权力，以使其能正确、及时地完成使命。

（三）必须明确如何考核

一是必须明确考核标准。高校资产管理考核标准的制定，是高校资产管理能否有效实施的关键，又是衡量高校资产管理实施效果好坏的依据和准绳。没有切实可行的考核标准，考核就可能流于形式，就没有依据。因此，高校有必要投入一定的人力、物力、财力，由权威部门建立一套完整的、公认的高校资产管理考核标准，使高校资产管理考核有章可循。

二是必须明确考核方法。在实际工作中，高校常用的考核方法有：面对面的直接口头汇报、正式的书面文字汇报、直接观察、抽样检查、问卷调查、集中座谈等。

三是必须深入基层，踏踏实实地了解实际情况，并制度化。高校资产管理考核应实事求是，切忌只凭下属的汇报做判断，也要防止检查中走过场、搞形式，工作不踏实，走马观花，点到为止。

（四）必须明确考核结果如何奖惩

充分发挥激励机制的引导作用。高校资产管理的工作考核完成以后，考核部门应形成书面的"高校资产管理考评报告"，详细说明本次考核涉及的范围、所用的方法、各环节的风险程度、存在的问题及缺陷、改进措施等。同时，报经校长办公会、党委办公会批准后，对相关当事人给予奖励或惩罚：对严格遵守和执行高校资产管理的部门和人员，给予通报表扬，加薪晋级，甚至升职；对于违反高校资产管理的部门和人员，给予严肃的通报批评，减薪降级，甚至撤职或辞退。只有建立科学、合理的约束与激励机制，通过业绩与薪资挂钩等形式，高校才能使所有师生员工的利益与高校的长期发展相结合。

七、增强知识产权意识，重视无形资产管理，确保高校合法权益

高校应当增强知识产权保护意识，重视各种知识产权等无形资产的管理，严格按照国家相关规定，申请办理有关知识产权等无形资产的评估认定及相应的证书。比如，目前高校大都拥有上百亩、上千亩，甚至上万亩的土地，但土地使用权基本没有在学校账务处理系统和固定资产管理系统中反映出来，即便是有的高校反映了，也只是按其实际的征地补偿费记入无形资产，根本就没有考虑土地使用权的市场价值，也不愿意花钱对其价值进行评估；还有的高校拥有雄厚的知识资源，拥有多种科研成果、学科培养优势、师资培养优势、科研

人才优势和管理人才优势等，有必要申请著作权、非专利技术等无形资产。财政部、教育部 2012 年颁发的《高等学校财务制度》规定了各高校通过外购、自行开发及其他方式取得的土地使用权、著作权等应当合理计价，及时入账。这是一个很好的开端，高校应当以此为契机，建立健全知识产权等无形资产管理制度和办法，全面、及时确认学校拥有的无形资产，彻底改变高校重研究、轻应用，重论文、轻效益的不良状况，充分发挥无形资产对提升高校知名度和核心竞争力的作用。

第七章 高校审计监督实效性

第一节 高校审计监督实施的重难点及必要性

一、高校审计监督实施的重难点

高校审计监督的重点之一是基建工程项目，因为高校建设投资数额之大已成为关注的焦点。高等教育事业迅速大规模的发展，给高校基建工作的开展提供了重大的历史机遇，其重要意义与我国现代化建设及提高全民族素质的系统工程密切联系在一起。基本建设为高等教育发展提供了物质保障。高校基本建设工作是为了提供如教室、办公楼、实验室、图书馆、体育场馆、教工住宅及学生宿舍、食堂等设施。这些设施是办学的"硬件"条件，没有这些基础设施和物质保障，教学、科研、行政办公及生活将无法进行。现代化教学需要与之相适应的教学、教辅设施。多媒体教学、远程教育、网络教学等现代化教育教学手段，打破了传统黑板加粉笔单一的教学方式，并且由于选修课、学术交流、第二课堂、科技发明创新的兴起，原来落后、陈旧的设施早已不能满足现代化高等教育教学的要求。当前，高校建设的重点是标准高、科技含量高、功能多且智能化程度高的各类基础设施项目。对外开放和交流对高校基本建设工作提出了更新、更高的要求。大学不再是自我封闭的小社会，迫切需要对外开放，开展国内外的交流。高校的基本建设将为建筑市场的社会化改革提供平台。由于高校基本建设投资多元化和社会主义市场经济体制的日趋完善，高校基建工作必须遵循国家规定的基本建设程序。高校进行大规模的基建活动并与社会主义市场经济接轨，将有助于提高基本建设管理水平和能力，丰富实践经验，有助于探索和尝试新的管理模式和管理方法。

高校审计监督的难点在于：一是国家审计机关的审计力量不足，难以满足高校审计监督的需要；二是审计发现问题难，这既与审计人员的责任心有关，又与审计人员的业务水平有关；三是落实审计建议难，这是审计监督人员不重视后续审计监督的原因，也有被审计单位得过且过、不负责任的原因。

高校审计监督既存在重点又存在难点，做好审计监督工作既要突出重点又要突破难点。总的思路是，对审计工作中存在的困难要想方设法克服，避免消极思想或悲观情绪；对重点单位或部门要做到重点关注，对重点项目要做到事前、事中和事后全过程跟踪审计监督。

二、高校审计监督实施的必要性

经济的不断发展和体制改革的步步深入，对经济管理和经济监督也提出了更高的要求。根据我国宪法的规定，国务院设立审计机关，对国务院各部门和地方各级政府的财政收支，对国家的财政金融机构和企事业组织财务收支进行审计监督，实行审计监督制度。高等院校要想按照党的方针政策、财经法令和规章制度的规定，合理使用资金，促进教学、科研的开展，充分发挥资金的最大经济效益，保证教育事业的顺利进行，除实行事前、事中、事后对财务、会计进行监督和纪律检查等手段外，也需要建立审计机构，实行审计监督。

（一）加强审计工作是维护财经纪律的需要

教育经费是关系到我国教育科研事业发展的必不可少的经费来源之一。而怎样掌管好教育经费，怎样使教育资金落实到位并管好、用好，则需要审计部门进行监督核查。这是我国宪法中明确规定的。

《中华人民共和国宪法》规定："国务院设立审计机关，对国务院各部门和地方各级政府的财政收支，对国家的财政金融机构和企业事业组织的财务收支进行审计监督。"高校要参照国家有关审计法规，结合实际，对经费进行审计监督，维护财经纪律。

（1）对财务收支和财务决算签证审计，促进学校加强财务管理，以维护国家财经纪律。因为财务收支审计是学校内部审计的基础，高校的各项经济活动都从财务收支中体现出来，所以高校只有把握住财务的收支审计这个龙头，才能对其他经济活动更好地实施监督。

（2）对应收账款进行审计。应收账款是高校长期难以解决的问题，是指由于各种原因没有及时收回的资金。这部分资金严重影响着资金的正常运转，给财务人员的工作增加很多麻烦，因此必须尽快清查，使教育经费正常运作，更好地为教学、科研服务。高校在加强财务监督的同时，进一步加强审计工作，通过审计监督严肃财经纪律，同一切违反和损害国家利益的行为做坚决的斗争，以便纠正不正之风，保证党的教育事业顺利发展。

（3）对高校资产、负债、所有者权益进行审计。依照《中华人民共和国会计法》，以及财经法规和制度的规定，对高校一定时期内拥有的资产、承担的负债经济成果及其分配情况的真实性、完整性、合规性进行综合审计，向财政部门提供所需的真实信息。

（二）实行审计监督也是适应教育体制改革的需要

在我国社会主义市场经济条件下，内部审计负有双重的任务。一方面，内部审计要监督部门、企业等单位是否在宏观控制下，从事于发展社会主义市场经济的活动，要对单位的经营目标和方式进行审核、评价，防止偏离社会主义教育经营方向的情况；另一方面，内部审计要对部门、企业、各单位的领导负责，协助领导检查本单位的财务收入是否合法、会计资料是否真实、内部控制制度是否完善，同时要随时发现管理上的薄弱环节，积极提出建议，改进工作方法，从而提高经济效益。可见，开展内部审计不但是发展社会主义市场经济的需要，同时也是各单位提高经济效益的一个不可缺少的手段。这就需要高校在加强财务监督的同时，进一步加强审计工作。

随着国民经济管理体制的改革，教育体制的改革也正在逐步深入地展开，在干部管理、教育计划、科研项目、资金收支等方面，都赋予了院、处、室更多的自主权。然而，资金来源出现了多渠道现象；资金的使用出现了层层分配、形式多样、名目繁多的问题；资金管理出现了层层有金库、层层设账的新情况。对基层单位和部门资金的来源去向，同级单位无权管理，除院、处、室正常资金来源与分配外，该集中的资金不能集中使用，分散了财力；该提留的资金不能收缴上来，扩大了分配范围和提高了分配标准，不利于兼顾国家、集体和个人三者的利益。

这些问题的解决需要有一个比较超脱的机构来检查监督。内审部门必须把事中监督作为内审的工作重点，突出一个"严"字，狠抓一个"敢"字，落实一个"稳"字。所谓"严"，就是要求各内审部门在实际操作过程中，一定要严格把关，不留余地。所谓"敢"，就是内审部门在跟踪监督中一旦发现违规、违纪的苗头，就要敢于指出，责令纠正，不徇私情，不怕得罪人。所谓"稳"，就是通过跟踪监督，排除干扰经济运行的不利因素，建立稳定、有序的经济活动秩序。而国家的各级审计机关、内审机构正是这样的一个机构，它们尊重实际，公正客观，地位超脱，不受外来干扰和影响，不论对什么单位，审计机关都有权进行监督。可见，内审部门对高校的审计监督工作显得更加重要，而审计监督的职能决定了审计工作必须具有独立性、客观性和权威性。

（三）内部审计是法律赋予内审机构和内审人员的神圣职责

为了加强和规范内部审计工作，国家为内部审计制定了一系列的法律、法规。《中华人民共和国审计法》规定国务院各部门和地方各级人民政府及其各部门、国有金融机构和企业事业组织，应当按照国家有关规定建立健全内部审计制度。这是建立健全内部审计制度的基本法律依据。为了将《中华人民共和国审计法》的规定具体化，审计署在总结研究内部审计工作实践的基础上，起草了《中华人民共和国内部审计条例》，报送国务院审批。国务院审批通过，便下发到审计部门，即可执行。十九大以来，审计署不断与时俱进，根据新形势更新《审计署关于内部审计工作的规定》，大大推动了内部审计的发展。从事内部审计工作的人员应当看到，我们所从事的内部审计工作是法律赋予的神圣职责。

第二节　高校审计监督实效性强化方案

审计监督是《中华人民共和国宪法》规定的一项重要制度。"审计监督的本质是法制的工具。"①因为依法审计是现代审计监督的重要原则和基本要求之一，所以高校审计监督的实效性与法律也就存在很大的相关性。本节从法律角度，包括立法、执法、法制教育和法律责任等方面，对增强高校审计监督实效性提出了几点设想。

一、加强法制教育，树立法制理念

加强法制教育、树立法制理念，是增强高校审计监督实效性的前提。《教育部关于加强依法治校工作的若干意见》中明确指出"实行依法治教，把教育管理和办学活动纳入法治轨道，是深化教育改革，推动教育发展的重要内容……依法治校是依法治教的重要组成部分。近年来，随着教育法制建设的逐步完善，各地依法治校工作有了一定程度的进展，创造了一些好的经验和具有地方特色的依法治校工作思路。但是从总体上看，学校的法治观念和依法管理的意识还比较薄弱；依法治校还没有完全内化为学校的自觉行为，与依法治国基本方略的要求还有一定的差距"。

高校审计监督工作的实效性与校领导的法治观念和法律意识有很大关系，与校领导对审计工作的认知程度、重视程度和支持力度也有很大关系。《审计

---

① 张红良.权力·责任·法律[C]//审计署审计科研所.审计工作与构建和谐社会论文集.北京：中国时代经济出版社，2006：174.

署关于内部审计工作的规定》指出，内部审计机构应在本单位主要负责人或者权力机构的领导下开展工作。《教育系统内部审计工作规定》指出，内部审计机构应在本部门、本单位主要负责人的领导下，依据国家法律、法规和政策，以及上级部门和本部门、本单位的规章制度，独立开展内部审计工作，对本部门、本单位主要负责人负责并报告工作。《中华人民共和国高等教育法》以国家法律的形式，确定了"国家举办的高等学校实行中国共产党高等学校基层委员会领导下的校长负责制"。高等学校的校长为高等学校的法定代表人。校长是行政管理工作的负责人，应当领导本校审计机构开展工作。现实中，许多高校的审计机构是由学校纪委书记或其他副校级领导分管的，"一把手"对审计工作很少过问，审计监督工作被削弱或淡化，审计权威性降低。这一方面说明学校主要领导对审计监督工作重视不够；另一方面也反映出学校主要领导的法律意识不强，依法行政的自觉性不高。单位的主要负责人要实践依法治教，就要虚心接受法制教育，学习掌握法律知识，树立法律至上的理念，按照法律、法规的规定切实负起领导责任，亲自领导校内审计机构开展工作，并重视审计人员提出的意见和建议。这样，内部审计监督的独立性才强、权威性才大，审计工作人员也不易产生悲观情绪和消极思想，有利于审计监督效能的发挥。

审计监督不仅应当在事前、事后揭示和处理违法、违规问题，发挥警示、威慑作用，而且应当从预防的角度对被审计对象进行法律、法规宣传教育，做好关口前移的监督也很必要。随着市场经济负面冲击和影响的日益加剧，高校引发腐败的因素增多。没有监督的权力容易导致腐败和权力滥用，而监督是"苦口良药"，有了健全的监督，就会谨慎用权、增强自律，就会少犯或不犯错误。从这个意义上可以说，监督也是一种爱护。为使监督工作顺利进行，审计工作者，一要采取多种方式，积极地宣传审计法律、法规知识，引导被审计对象增强法治观念和提高遵纪守法的自觉性，发现苗头性的问题，及时提醒、帮助和批评，防止由小过而酿成大错甚至违法犯罪；二要及时与被审计对象沟通信息，尽量消除审计主体与被审计对象的对立关系，化解监督者与被监督者的矛盾，争取被审计对象的理解，营造一个良好的监督氛围。一旦被审计对象对审计监督有了正确的认识，观念由过去的抵触审计转变为积极配合审计，那么审计监督工作就会变被动为主动，达到事半功倍的效果。

二、采用科学方法审计，注重监督审计结果运用

采用科学方法审计并注重监督审计结果的运用，是增强高校审计监督实效性的关键。

（一）转变审计监督理念

审计监督应从以往注重事后的、结果性的监督，转变为更注重事前的、过程性的、调整性的监督；从注重查错纠弊的监督，转变为更注重完善制度缺陷和提高风险管理的监督；从注重财务收支的常规性监督，转变为更注重教育资金使用的效益性监督。审计监督时做到既要全面又要突出重点，对容易滋生腐败的项目、环节和重要问题要重点监督，如对基建工程的投资审计，要进行事前、事中和事后全过程跟踪监督；对数额大、危害大、影响大的重点问题要查深、查透。

（二）创新监督技术方法

"没有审计信息化的突破，就谈不上现代审计，更谈不上为审计转型提供技术支持。"[①] 随着信息网络和现代管理手段的发展，高校内部审计不宜只采用现场审计、手工操作等传统审计方法，因为科学的、及时的审计是审计发展的内在需求。所以，高校应在传统审计方法的基础上，结合现代审计方法进行审计，如利用计算机网络、审计软件等信息技术与被审计单位的财务管理数据接口连接，实现与被审计单位的数据共享，进行专用网络审计、在线审计等。这样不仅可以有效突破以往审计资料基本依赖被审计单位提供的限制，从而保证所提取资料的及时性和准确性，还可以通过掌握被审计单位经济活动的最新状况，实施适时监督和动态监督，同时也节约纸张，降低数据处理成本，提高审计质量和效率。

三、制定高校内部审计监督制度

根据相关法律、法规，制定高校内部审计监督制度是增强高校审计监督实效性的基础。制度好可以使坏人无法任意横行；制度不好可以使好人无法充分做好事甚至会走向反面。高校内部审计人员对高校的情况比较熟悉，审计时往往容易发现被审计对象在经济活动中存在的问题，提出的改进建议也比较切合实际，为学校领导提供决策的依据也准确、及时，这是毫无疑问的。但高校对校内审计规章制度重要性的认识还不够，存在重审计活动、轻审计制度建设的现象。制度滞后甚至缺位的现象，导致审计盲目性和随意性较大。随着内部管理的科学化，内部审计将得到更大的发展。高校内部审计作为我国审计体系的一部分，正发挥着越来越重要的作用。因此，高校应以《中华人民共和国审计法》为主线，结合相关法律、法规，建立健全适合本校特点的内部审计规范

---

① 潘银兰.新形势下高校内部审计转型的思路 [J].会计之友，2010(11)：61.

体系，如制定审计办法、审计程序、审计方法、审计内容、审计的控制制度等操作细则和规范，使审计监督形成长效机制。这样既可以避免审计的随意性、盲目性、被动性，又可以避免个人因素对审计工作的干扰和不利影响，从而提高审计监督的法治化、规范化和科学化水平。

四、优化高校内部审计监督主体队伍

优化高校内部审计监督主体队伍，是增强高校审计监督实效性的保证。《中华人民共和国审计法》规定"审计人员应当具备与其从事的审计工作相适应的专业知识和业务能力"。这是一条对审计人员基本素质的要求。审计监督是一项政策性强、要求知识面广的工作。做好审计监督工作，审计人员既要具备相应的专业知识和工作能力，又要熟悉相关法律、法规和政策。而目前高校内部审计人员数量偏少，其专业结构以会计专业为主，懂经济、法律等相关专业知识的人更少，复合型和专家型的审计人才十分缺乏，监督主体队伍综合素质普遍不高。为提高审计队伍整体素质，学校、审计人员等都应付出努力。作为校方要解决监督部门人员的专业素质问题，以保证监督工作的有力性，一方面可以让一些政治思想素质高、懂经济和技术的人才充实到监督部门；另一方面应当对现有的人员进行培训，鼓励他们学习专业知识，在监督过程中不断提高洞察力，摆正自身的位置，降低监督风险。作为内部审计监督人员自身，一要强化责任意识和敬业意识，从思想上提高对这项工作重要性和必要性的认识，增强责任感和敏锐性，做到爱岗敬业、坚持原则、敢于碰硬；二要加强学习，与时俱进，在精通审计专业知识的基础上，逐步拓展相关的法律、法规、政策、规章制度、计算机等方面的知识，不断增强法治意识和自律意识，善于总结实践经验，使监督有条不紊地进行，避免在工作中感到茫然。总之，只有靠多方不懈努力，真正形成一支政治强、作风硬、品德好、素养高、业务精的审计监督主体队伍，才能更有效地履行法律赋予的职能。

五、完善审计法律责任制和审计监督激励制度

完善审计法律责任制和审计监督激励制度，是增强高校审计监督实效性的有效手段。当前的审计法律、法规中对审计部门及其人员的监督激励、约束机制不健全，缺少充分发挥监督作用的有效手段。激励机制不健全表现在：《中华人民共和国审计法》和《教育系统内部审计工作规定》没有奖励条款；《审计署关于内部审计工作的规定》中仅有一条款项是对审计工作人员的激励，即"对忠于职守、坚持原则、认真履职、成绩显著的内部审计人员，由所在单

位予以表彰"。这款规定操作性不强，现实中难以兑现。为充分调动审计人员工作积极性和主动性，建议有关部门加快建立健全高校审计监督激励制度步伐，使论功行赏有章可循。比如，可制定审计监督绩效考核评价办法等，评价将涉及评价标准问题，这可能难以把握尺度，但总体上应考虑审计监督工作的专业性和特殊性，根据具体项目采用定性和定量相结合的方法，形成比较科学合理的考量指标体系。约束机制不健全表现在《中华人民共和国审计法》《审计署关于内部审计工作的规定》和《教育系统内部审计工作规定》中虽有法律责任条款，但这些条款基本是针对被审计单位及其人员的，适用审计部门及其人员的法律责任条款很少且其阐述过于原则。要做到"有法可依，有法必依、违法必究"，首先应从健全法律法规入手，严格明确审计法律责任。这样至少有三点益处：一是可以维护审计监督的严肃性；二是可以强化审计人员的责任意识和风险意识，避免审计失败和因审计人员未恪守应有的职业谨慎而产生的法律问题；三是一旦出现这方面的法律纠纷不至于无准确的法律可依。

第八章　高校审计监督控制系统

新形势下，如何强化高校审计监督控制系统，是值得关注的一个课题，因此，本章对授权审批审计监督、制度失灵与外部监督、财务审计监督、采购和招标监督控制及经济法律文书监督做分别阐述。谈论对象虽为高校，但理论实践成果亦对其他部门单位具有参考价值。

第一节　授权审批审计监督

授权审批审计监督是对授权审批管理系统实施的监督，即根据分级管理经济责任制，对授权审批系统所赋予审批人的职责和权限的履行情况进行审计监督。授权审批审计监督的形式以经济责任审计为主，因此我们在此将其作为介绍对象。由于高校审计部门属于学校内部监督部门，其职权只能审计监督管理层以外的二级学院、部门及单位的负责人，即中层干部。高校管理层的经济责任审计由政府审计部门负责。内部经济责任审计是高校对二级学院、部门及单位负责人任职期间，在管理职责范围内的经济审批及有关经济活动和国家财经法律、法规执行情况负有的责任，进行的内部审计，并通过单位的经济活动记录来查证被审计人员所承担的经济责任，做出内部审计评价。

一、经济责任审计概述

（一）内涵定义

经济责任审计是指由独立的审计机构和审计人员，依据党和国家的方针政策，财经法令、法规、制度，以及计划、预算、经济合同等，对经济责任关系主体经济责任的履行情况进行监督、审查、评价和证明的一种审计方式。

（二）实施意义

经济责任审计的目的不同于常规审计。常规审计的主要目的是维护财经法纪，改善经营管理，提高经济效益，其出发点是被审计单位和国家的经济秩序。而经济责任审计的主要目的则是分清经济责任人任职期间在本部门、本单位经济活动中应当负有的责任，为组织人事部门和纪检监察机关和其他有关部门考核使用干部或者兑现承包合同等提供参考依据。

经济责任审计一经产生，就显示了其他审计无法替代的作用，无论是在保护国家财产的安全、完整、保值、增值方面，还是在健全领导干部的监督管理、促进廉政建设方面，都取得了显著的成效、发挥了重要作用。

1. 加强干部监督管理，正确评价和使用干部

社会主义市场经济体制的逐步确立为领导干部施展才干提供了广阔的舞台，但同时也向我们的干部考察工作提出了挑战。实施领导干部经济责任审计，倡导定性与定量相结合，联系领导干部任期目标，通过对相关的经济指标情况进行分析考核，对其任期工作业绩做出评价，能够达到客观、公正地确认其经济业绩，全面评价考核领导干部任期业绩的目的，为正确评价和使用干部提供了依据，同时有利于干部更好地履行职责，防止短期行为。

2. 客观公正地鉴定前、后任的经营业绩和经济责任

经济责任审计立足领导干部所在部门、单位的财政、财务收支的真实、合法、效益情况，一方面能够摸清家底，有利于继任者了解接任单位的真实情况，明确工作思路，缩短适应期，尽快进入角色；另一方面由于明确了离任者的经济责任，事实上也就划清了前、后任的责任，改变了"新官不理旧账，旧官一走了之"的不良状况，有利于工作的交接，保持了工作的连续性。

3. 规范干部行为，促进廉政建设

经济责任审计立足于财政、财务收支审计，落脚点在于查明个人经济责任，既对事又对人，而且审计涉及领导干部任职期间一般较长，往往能够发现年度财政、财务收支审计不易发现的问题，有利于揭露和惩治腐败分子。另外，经济责任审计着眼于防范，健全了监督制约机制，有利于发现财务管理漏洞，健全财务管理制度，提高财务管理水平，促使领导干部自我约束、自我完善，增强了纪律观念，促进了廉政建设。

二、经济责任审计监督程序和内容

由于高校经济责任审计监督的对象是具有一定行政管理权力的特殊群体，经济责任审计监督结果将作为干部考核的一个依据，因此审计监督程序和审计监督内容与一般审计监督有所区别，应重点监督被审计人的经济行为。

（一）经济责任审计监督程序

经济责任审计监督程序按干部经济责任审计程序进行，由组织部门委托审计部门实施。

（1）由组织部门提出书面委托，经管理层分管领导批准，由审计部门对被审计人员进行任期、任中授权审批等经济责任审计。

（2）审计部门接到委托书后，办理审计立项，制订审计实施方案，在实施审计的前三日向被审计人员及其所在单位送达审计通知书。

（3）审计通知书送达后，被审计人员及其所在单位应当按照审计要求，及时提供有关资料。被审计人员应根据经济责任审计内容，准备书面述职报告。

（4）审计组进场实施审计时，被审计人员应向审计组提交述职报告并进行述职，同时审计部门在其所在单位进行审计公示，并听取有关教职工的意见。在实施审计的过程中，审计组要做好审计工作底稿。

（5）审计组现场审计结束，整理审计工作底稿，出具审计报告初稿。

（6）征求被审计人员及其所在单位对审计报告的意见，被审计人员及其所在单位对审计报告提出书面意见。经审计组核实意见后，审计部门将审计报告及所在单位的书面意见，报送管理层主管领导审批。

（7）审计报告批准后，提交给委托审计的组织部门，并送达被审计人员及其所在单位执行。审计报告由高校有关部门归入被审计人员（干部）档案。

（二）经济责任审计监督内容

经济责任审计监督的重点是被审计人员的审批行为及经济活动的合法性、合理性。合法性即审批事项及经济活动是否符合法律、法规和学校的规章制度；合理性即审批行为及经济活动是否遵循效率和效益原则。

（1）合法性情况，主要内容包括：被审计人员的审批行为及经济活动过程是否遵守国家财经法律、法规和财务规章制度，有无违规审批等问题。

（2）经济决策情况，主要内容包括：被审计人员经济决策是否符合规定程序，重大经济活动事项是否实行了集体讨论决策、效果如何、有无重大失误，经济目标的完成情况等问题。

（3）经济合同签订情况，主要内容包括：学院或部门对外签订的经济合同审批手续是否完整；合同条款是否符合学校利益、是否存在合同条款损害学校利益等情况；债权、债务是否清楚，有无纠纷和遗留问题。

（4）被审计人员财务审批的真实性和有效性情况，主要内容包括：审批事项是否符合职权范围，授权委托手续是否完善，有无越权审批、不按计划审批或不符合制度规定的审批行为。

（5）单位财务收支执行情况，主要内容包括：被审计人员所管理的单位各项资金收入的真实性、合法性情况，有无违规收费，各项收入是否纳入学校财务统一核算，有无隐瞒、截留、私设"小金库"的行为；各项支出及补贴的发放是否符合规定与真实，有无超标准、超范围支出，有无虚列支出、滥发钱物等问题。

（6）资产管理情况，主要内容包括：固定资产的购置、使用、处置和管理是否符合程序；高校的财产是否存在私自出租、出借、无偿转让等情况；设备购置、基建工程项目是否按照有关规定进行招标程序，投资项目是否经过充分论证和严格的审批程序。

三、经济责任审计监督依据及范围

在高校内部进行经济责任审计监督，首先必须有监督依据，明确监督对象和范围，才能有效地开展监督工作。

（一）经济责任审计监督依据

经济责任审计监督依据的是高校分级管理经济责任制度及授权审批管理制度所授予的权限和职责。

（二）经济责任审计监督对象和范围

经济责任审计监督的对象为高校部门、二级学院及单位中具有审批权限和经济管理职权的负责人，因此审计监督的范围是被审计人员（即负责人）所管理的本部门、本学院和本单位所有审批的经济事项及经济活动。

第二节 制度失灵与外部监督

一、制度失灵

对制度失灵问题进行的研究中，在研究主体、研究视角和研究领域方面还存在一些单一和不足。首先，研究者主要是经济学家，而法学研究者对于制度失灵问题没有给予足够的重视；其次，研究视角更多的是经济学的视角，许多研究都是针对某一项制度的失灵问题展开经济分析；最后，研究领域主要集中在经济发展、企业组织、商事活动等经济领域，缺乏对制度失灵问题的系统梳理与研究。

（一）制度失灵的含义及构成要素

制度失灵主要是对制度执行过程中出现的偏离、背离、妨碍制度目标实现的一切制度执行行为的理论统称。具体说来，制度失灵是指在制度执行过程中，制度执行者有意实施偏离或背离制度目标的行为，或者以消极不作为的方式来妨碍、干扰、逃避制度对有关利益的分配和调整，从而使制度目标出现不能实现的现象和情形。

一般来讲，制度失灵的构成要素主要包括以下几个方面：

（1）制度失灵主体，即制度执行主体和制度执行对象。如果制度执行者既是制度改革的对象，同时又是该制度改革的具体执行者，那么制度执行主体往往本身又成为制度执行对象。

（2）制度失灵行为，即偏离或违背制度目标的行为，包括完全偏离制度目标、不完全偏离制度目标、完全违背制度目标、不完全违背制度目标等。

（3）制度失灵后果，即制度目标因受到某种妨碍而不能得到有效实现，包括制度目标完全不能得到实现和部分不能得到实现等情形。

（二）制度失灵的基本特点

（1）目标的偏离性。目标的偏离性是指制度执行结果偏离了制度的预期目标，这是制度失灵所导致的直接后果，也是制度失灵的最基本特点。

（2）内容的异变性。内容的异变性主要是指在制度执行过程中，原有制度在本质上发生了变化，实质内容发生了改变。

（3）行为的隐蔽性。行为的隐蔽性指的是制度失灵行为具有相当的欺骗性和隐蔽性。这主要是因为：一方面，由于制度一般具有刚性的特质，制度的执行也往往具有严肃性、强制性的特点；另一方面，制度制定者往往承担着命令发布者的角色，而制度执行者却是服从者、执行者，二者往往具有上下级的命令与服从关系。

（4）执行的相关性。执行的相关性与行为的隐蔽性是一脉相承的，它主要指的是：在制度失灵现象发生的过程中，制度执行者的执行行为通常会与原有的制度发生密切的联系，也就是说，即使是在制度失灵的情况下，制度执行也不可能与原有制度毫不相干。

（5）主客观结合性。主客观结合性主要指的是，制度失灵主体的行为与一定的客观条件相互作用产生了制度失灵的结果，可以说，制度失灵是主体行为与客观条件的统一体。

（三）制度失灵的类型

以现存制度的运行和制度变迁过程中的效率为标准，制度失灵可以分为结构性失灵和变迁性失灵两类。但是，这里暗含了一个假设条件，即任何问题都可以通过制度变迁或制度创新来解决。这貌似夸大了制度的功用，与现实是不大相符的。我们只有通过分析制度失灵的原因及程度，才能合理地划分制度失灵的类型。

根据制度失灵程度的不同，我们可以把制度失灵划分为相对性制度失灵和绝对性制度失灵。前者指的是，尽管已有的制度自身存在着一定的不足甚至缺陷，但是通过一定程度的变迁或者创新，制度可以变得更加完善，进而更好地实现制度目标。后者指的是，制度从一开始就存在重大缺陷，而且无论制度做出什么样的改变，都不能有效运行，不能产生预期的制度效果，在某种程度上讲，这是一种制度有效性的现实表现。

根据制度失灵原因的不同，我们可以把制度失灵划分为制度意识性失灵、制度缺陷性失灵、监督乏力性失灵、惩罚不力性失灵。制度意识性失灵，指的是制度执行者的制度意识不强，直接制约了制度的执行力度，从而导致了制度的失灵。制度意识主要有两个方面的内容：一是执行制度的意识；二是维护制度的意识。制度缺陷性失灵，是指制度设计不完善，从根本上削弱了制度应有的作用，从而诱发了制度失灵。制度缺陷性主要是由以下原因导致的：制度设计不完善，制度缺乏预见性、系统性、针对性、创新性和可操作性，对制度的评估、清理工作不够重视，制度的体系化建设还有待进一步加强。监督乏力性失灵，是指监督乏力，监督机制不健全，未能为制度的运行提供应有的保障，从而导致了未能及时和有效遏制制度失灵现象。中国特色社会主义制度体系建设取得了明显成效，但总体来说，监督机制相对落后。惩罚不力性失灵，是指责任追究不到位，进一步弱化了制度应有的权威，进而纵容了制度失灵现象的发生。惩罚机制是制度的必备内容。如果一项制度没有包含惩罚机制，我们就会感受不到制度的严肃性与权威性。

（四）制度失灵的现实表现形式

1. 制度替换

制度替换主要是指制度执行者以本地区、本部门的特殊性或者制度的僵硬性和抽象性为借口，对制度的部分内容或精神实质进行歪曲、曲解，根据自己的需要对制度进行解释和执行，从而导致制度内容发生实质改变，甚至被与原制度相差甚远的"新制度"完全替换。

2. 制度违背

制度违背是指制度执行者有意违反国家现行制度的行为。制度违背的第一种表现形式是制度执行者拒绝实施制度要求其做出的行为，即"应为而不为"；第二种表现形式是制度执行者在执行制度的过程中，做出制度明确禁止的行为，即"不应为而为"。

3. 制度投机

制度投机主要是指制度执行者将制度视为一种用来满足或获取自身特殊

利益的资源，通过以"打擦边球"的方式来执行制度和分配"特殊"制度等形式，达到违背制度或者规避制度的目的。

4.制度抵制

制度抵制主要是指当某项制度的执行并不符合制度执行者的地方利益、部门利益等利益诉求时，制度执行者便会积极抵制该项制度的执行，根据相应的利益诉求而对制度的部分内容或精神实质进行取舍，仅执行符合相应利益诉求的部分，致使制度无法完整地落到实处。

5.制度敷衍

制度敷衍是指在制度执行过程中，制度执行者不务实际地只做表面文章，对于执行制度所需要的人、财、物等资源，以及执行制度的必要措施和保障机制却漠不关心。

6.制度附加

制度附加主要是指在执行制度的过程中，制度执行者将不恰当的内容附加到了原有的制度中，在制度的调整范围、调整对象、调整目标、调整力度等方面超出原来制度的要求，从而导致制度执行偏离制度目标，出现了制度执行的扩大化。

7.制度误用

制度误用主要是指有的制度执行者自身在政治素质、思想素质、业务素质等方面存在不足，水平和能力有待提高，因而对制度的精神实质没有吃透，对制度的指示目标没有领会到位，甚至将制度理解错误，进而使得制度在贯彻执行中出现了走样或变形。

8.制度照搬

制度照搬主要是指在制度执行过程中，制度执行者不发挥主观能动性地去寻求制度执行的有效途径和措施，而是机械地照搬、照抄制度文本，原原本本地传达，原封不动地落实。

（五）对制度失灵的评价

制度失灵是制度变通的一种表现形式。对于制度失灵现象的利弊，人们的评价各异。

对制度失灵采取的评价标准应当是多元的。对制度执行方案必须合乎制度目标的期望应当有所节制，对制度执行过程中的行动偏差和目标异化不应当武断地予以否定。一方面，在各种约束条件下，制度执行者也许有理由在制度和现实之间寻求妥协。另一方面，即便偏离了制度预期目标的执行方案也具有一定的现实合理性，制度制定者预设的理想目标也无须马上屈从于现实状况，因为理想与现实之间保持一段适当的距离可以为制度在执行过程中的创新性探索提供必要的空间。

二、外部监督

审计作为任何企业/单位中不可或缺的岗位，肩负着重要的职责。现今的审计人员不仅需要去做现金出纳、报账、记账、预算计划这些日常的工作，更需要履行审计监督的重要职责。

随着《中华人民共和国审计法》的修订和实施，形成了单位内部监督、国家监督和社会监督的"三位一体"审计监督体系。国家监督和社会监督作为外部监督却无法充分发挥其作用，无法履行相应的职责。国家监督是指政府部门对各单位相关人员的审计行为的监督、检查，以及对发现的违法审计行为进行查处。社会监督是指社会中介机构对委托单位的经济活动进行审计，并据实做出客观评价的监督形式。

在审计监督的程序中，《中华人民共和国审计法》并没有做相关的规定，再加上现行的审计人员管理体系存在弊端，使得所有者和债权人的监督弱化。

对市场主体的审计监督主要通过法律委托审计中介机构实现。政府部门的主要职责是对审计中介机构进行再监督；财政部门的主要任务是负责统一制定审计标准和监管规则，并侧重于对国家单位的审计监督；其他有关部门依法承担对有关单位的审计监督。

审计监督方面的问题无法忽视，必须迅速建立起有效的强化政策，完善审计监督，而外部监督的完善更是重中之重，国家监督和社会监督的完善刻不容缓。

在外部监督中，国家监督的完善决定了监督环境和监督程序。

1. 协调政府监管主体，完善配套措施

政府作为社会管理者和宏观经济调控者，应致力于为企业创造一个平等的竞争环境，建立并完善各生产要素市场。在现行法律、法规授权审计、财政、监察等多个部门都可以对财会资料实施检查的基础上，统一监督检查的标准，实现功能交叉互补；集中管理、多头监督，加强各外部监督部门横向信息的沟通，做到信息互相利用，构建良好的监管信息网络，形成有效的监督合力，避免社会资源的浪费。

2. 加大执法力度

政府应让各级工作人员加强执法力度并严格要求自己，依法办事；完善执法程序，规范执法行为；建立对执法人员的监督机构，加强对执法行为的监督，确保其适当、合法、合效；给执法人员提供科学、准确的执法依据、执法凭证；加强对监督执法人员的管理，提高执法人员的素质与思想，从而保证监督的建设和实施合理、合法，符合社会实际情况；建设发展社会经济所需的法制环境。

3. 开展审计诚信教育

审计师职业肩负着为市场活动参与人提供真实信息的职业责任。审计师必须牢记自己所承担的为社会服务的责任，如果没有尽到这一责任，那就要承担相应的法律责任。在外部监督中，社会监督的完善程度决定了监督广度和监督成效。完善社会监督的方法有以下几点：

（1）提高监督人员的素质，保证监督质量。审计工作的社会监督主要是指由注册审计师及其所在的审计师事务所依法对经济活动进行的审计、鉴证的一种监督制度。政府尽快建设一支高素质的注册审计师队伍，提高注册审计师的职业道德水平及业务水平；培养审计人员爱岗敬业、遵纪守法、忠于职守、坚持原则、廉洁奉公的良好职业道德；不断加强业务培训和技能锻炼，丰富审计人员的专业知识，增强他们处理和解决不断变化的经济业务的能力，提高其审计监督水平；进一步明确社会审计监督对审计审查的结论所承担的法律责任，使社会审计监督机构真正成为社会主义市场经济的"经济警察"。

（2）处理好多个关系，包括审计监督手段与审计监督目的的关系，审计监督与审计基础工作的关系，立法审计监督、行政审计监督、司法审计监督、媒体审计监督、社会中介机构审计监督、企业审计监督、公众审计监督等多种审计监督的关系，审计监督中公平与效率的关系，审计监督与审计监督理论之间的关系等。

（3）深入研究、总结我国传统审计监督中积累的丰富经验和理论基础，在建立健全我国资本市场体系的过程中，借鉴西方审计监督经验、教训，协调审计监督权力资源，构建具有中国特色的审计监督体制。从我国社会主义市场经济发展的内在要求来看，维护经济秩序离不开发挥注册审计师的有效作用。这就要求我们必须创新监督方式，努力提高注册审计师行业的公信力。要发挥注册审计师在社会监督中的作用，必须从对注册审计师的职业监督抓起；其一，要加强制度建设，杜绝为招揽生意而牺牲审计质量的不当行为；其二，要加强行为自律建设，增强注册审计师的职业风险意识，使其敢于"独立、客观、公正"地发挥作用；其三，要加强对社会监督机构的再监督，实现监督者权利、义务和责任的平衡与对称。

总之，审计工作在经济管理中起着举足轻重的重要作用。应加大宣传学习《中华人民共和国审计法》的力度，从思想上重视单位制度建设的意义，明确审计责任主体，加强单位负责人在审计监督中的责任，加强企业外部审计监督制度，明确审计工作相关业务的程序和相关人员的职责权限，从国家和社会两个监督角度达到规范行为、控制风险、防范舞弊、纠正差错的效果。

完善审计监督，就要完善内、外部监督机制，使二者相结合。不光要强化内部审计系统，建立科学的内部监督机制，使企业内部各部门间相互监督与制约，还要完善企业外部审计监督机制。因为内部审计监督机制只是属于企业系统内部，一旦企业整体利益与社会利益发生冲突时，内部监督机制就会弱化，这时就需要外部监督。只有内部监督机制与外部监督机制共同构成科学、优化的监督实施体制，才能有效地制约审计行为主体的私欲和偏好，保证审计信息的质量。

第三节　财务审计监督

新形势下如何强化对行政事业单位财务的审计监督，是值得各级审计机关、财政部门、内审机构关注的一个课题。对此，本节试图针对新形势下高校财务审计监督的目标、内容及步骤方法做些探究，以解决"审什么"和"怎么审"的问题。

一、资产负债审计的内容、步骤和方法

（一）资产类审计

对被审计单位资产类的现金、银行存款、有价证券、应收账款、预付账款、其他应收款、应收票据、库存材料、产成品、对外投资、固定资产、无形资产等审计项目，应按下列目标、步骤和方法进行审计和监督。

（1）确定货币资金的存在性，收付的合法性和记录的完整性，余额的正确性，审计核算披露的恰当性。

①现金的审计应通过检查现金账据和现金突击盘点的方法，采取先盘点、后看账，或先看账、后盘点的步骤：一是审查被审计单位现金核算是否规范；二是审查现金收付是否按现金管理规定执行；三是审查现金账款是否相符等。

②银行存款的审计应通过检查单位银行存款账据和核对银行部门提供的银行存款对账单的方法步骤。对照有关规定，一是审查被审计单位银行存款核算是否规范；二是审查银行账户开设是否合理；三是审查银行存款收付是否合规等。

③有价证券的审计应通过账券核对的方法，查明有价证券是否存在、保管是否安全、是否及时兑付等。

（2）确定各项应收（暂付）款项的存在性，增减变动记录的合法性、完整性、可收回性，余额的正确性，审计报表披露的恰当性。

应通过账账、账证，以及与债务人核对检查等方法进行审计，采取逆查法、抽样检查及函证等方法步骤。一是审查各项应收（暂付）款项总账与明细账是否相符，核算内容是否准确、合规，余额是否正确；二是审查各项应收（暂付）款项的具体去向、用途；三是审查应收票据是否建立了"应收票据备查簿"，盘点库存票据金额是否与账项相符，分析应收票据的可兑现程度；四是审查各项应收（暂付）款项账龄期限，查明有关应收款项能否收回，确认债权性资产的存在性和可靠性。

（3）确定对外投资的存在性，确定其是否归单位所有，确定其对外投资增减变动及其收益（或损失）记录的完整性、余额的正确性、审计报表披露的恰当性。

应通过审查审计账据及单位对外投资所形成的会计记录、协议合同等相关资料进行审计，采取检查、询问及到被投资单位实地调查等步骤方法：一是审查被审单位对外投资形成过程及其决策是否规范、科学；二是审查单位以非现金资产对外投资的价值确定是否合理；三是审查对外投资的收益是否按照双方合同协议及时收取入账；四是审查对外投资是否按合同协议及时收回、处置是否恰当，判断对外投资的可收回性和存在性。

（4）确定存货（包括材料、产成品）的存在性，收支的合法性和记录的完整性，存货的品质状况，余额的正确性，审计报表披露的恰当性。

应通过审查财务部门存货总账、明细账、相关凭证，存货采购、销售合同等资料，以及保管的账据行进审计，采取账据检查与实物盘点相结合的方法步骤，对重点存货在看账的基础上，必须抽样检查，实物盘点。这样做一是审查存货账账、账证、账实是否相符；二是审查存货期末计价和数量是否准确，存货资产是否有虚增或少报；三是审查存货采购、销售、验收、发出、保管等各个管理环节是否存有管理漏洞和隐患，并提出相应的审计建议。

（5）确定固定资产、无形资产的存在性，确定其是否归单位所有，确定其增减变动记录的完整性和准确性，余额的正确性。

应通过审阅有关固定资产取得和处置的文件记录和验收报告，预算批复文件和来源列支渠道，单位资产管理部门和使用部门设置的资产明细登记账、卡，以及审计核算账据中有关购置费、修缮费、业务费、公务费等科目的明细支出进行审计。采取抽样检查、实地观察、盘点核对等方法，一是审查各项固定资产是否按规定对入账价值和标准及时核算；二是审查有关固定资产的取得是否与预算相符；三是审查固定资产的变卖处置是否经过授权批准、是否经过公开公正处理，其变价收入是否及时入账；四是审查固定资产结存是否真实、准确，账实是否相符；五是审查固定资产审计核算是否规范，账账是否相符，内部财产物资管理制度是否健全，责任是否明确，实物盘点是否定期或不定期地进行。

通过审阅被审计单位账据，以及购入和取得无形资产的各种文件、合同协议、审批报告、转让手续及其授权批准依据，索取有关无形资产的所有权证书或到国土、工商部门调查了解等步骤方法，审查无形资产是否存在、是否归单位所有；审查无形资产入账价值是否真实、合理；审查无形资产转让程序是否合规，转让收入是否及时入账等。

（二）负债类审计

对被审计单位负债类的应缴预算款、应缴财政专户款、暂存款、应付账款、预收账款、其他应付款、应付票据、应交税费、借入款项审计项目，应当按照下列目标内容、步骤和方法进行审计。

（1）确定应缴预算款和应缴财政专户款记录的完整性，核算划分的准确性、上缴的及时性、余额的正确性和审计报表披露的充分性。

首先要弄清被审计单位所取得的各项收入，如哪些属应缴预算款、哪些属应缴财政专户款。在此基础上，通过与有关收入明细账的各项收入数额核对、与当期有关收费票据实际收取的收入数额核对、与收费文件和收费许可证核对、与有关暂存款项核对、与年终对账单有关未达账项核对、检查是否存在将部分收入不记收入和银行存款账、跨期隐瞒一部分收入的行为等方法进行审计，一是审查应缴预算款和应缴财政专户款划分是否准确；二是审查应缴款项是否及时足额上缴财政国库或财政专户。

（2）对被审计单位净资产类的固定基金、事业基金、专用基金、结余（包括事业结余、经营结余、结余分配）审计项目，应按照下列内容、步骤和方式进行审计：

①确定各项基金（包括固定基金、事业基金、专用基金）增减变动的合规性、核算记录的完整性、余额的正确性及审计报表披露的恰当性。

根据行政事业财务规则、审计准则，以及审计制度和财政部门的有关规定，通过检查当期单位收支结余数额及其分配结转情况、固定资产增减变化情况等步骤方法，一是审查固定基金增减变化是否与固定资产增减变化相对应；

二是审查单位专用基金是否按规定提取、设置，是否按规定用途使用。

②确定各项结余记录的完整性、核算的准确性、余额的正确性。应通过审计被审计单位期末转账、结账事项，查明单位事业结余，经营结余当期发生额是否计算准确，滚存结余余额是否正确，结余分配是否合规等。

（3）确定各项应付（暂存）款项（包括暂存款、应付账款、预收账款、其他应付款、应付票据）发生及偿还记录的完整性，核算的合规性，余额的正确性及审计报表披露的充分性。

应通过检查各种应付款项明细账据，结合检查相关采购业务合同资料，并注意应付款项记录与现金和银行存款日记账相核对的步骤，采取分析性复核、抽样检查、函证、审阅、计算、逆查法等方法，一是审查各项应付（暂存）款项账账是否相符；二是审查各项应付（暂存）款项核算内容的准确性；三是审查各项应付债务的具体构成，剖析这些大额负债对单位正常收支预算的执行产生哪些不良后果等。

（4）确定应交税费、借入款项发生及记录的完整性、余额的正确性及审计报表披露的充分性。

应通过检查单位开展的有关业务活动是否应纳税，查明是否依照有关税法规定交纳应交税费。通过审查有关借款合同、借款审批手续、借款计划等资料，查明单位借入款项记录是否完整、入账是否及时、取得是否合理、业务是否真实，查明有关人员款项是否做到及时归还、使用是否专款专用、利息支付是否合理等。

二、财经法规制度执行审计的内容、步骤和方法

（一）部门预算制度及其执行情况审计

通过审阅单位部门预算编制情况，以及财政部门预算批复和管理要求，采取与账项收支实际进行比较分析的方法和步骤，一是审查单位部门预算是否严格执行到位；二是审查部门预算完成或未能完成的原因。

（二）政府采购制度及其执行情况审计

（1）通过审查单位有关支出明细账据，查明被审单位有关政府采购品目的支出事项，是否实行了政府采购。

（2）审查自行采购事项的范围、程序是否合规。

（3）查明有关采购事项是否实行先预算后采购、先批准后采购等。

（三）"收支两条线"制度及其执行情况审计

（1）重点查明单位有关收费项目和罚没收入是否经过国务院及省级政府

的批准、是否经过县物价部门批准核发《收费许可证》。

（2）查明单位是否统一使用财政部门核发的收费收据。

（3）查明单位是否严格执行票款分离，将收取的收入直接缴存财政专户，支出专户经费由财政拨入，做到收支分开。

（四）政策及制度贯彻执行情况审计

应注重对这些行业、部门进行法规管理制度执行情况的审查，通过采取审查、核对的方法，查明被审计单位是否能够将政策严格执行到位，找出其财务管理中的漏洞和不足，分析其执行偏差的主客观因素，进而提出切实有效、针对性强、操作性强的审计建议和措施，促进部门行业各项管理工作规范运行。

三、财务收支审计的内容、步骤和方法

（一）收入审计

确定各项收入发生的真实性、记录的完整性、来源的合规性和余额的正确性。首先应摸清被审计单位收入的具体构成和规模；了解单位内部收取各项事业收入（或预算外收入）的具体业务操作流程、财务与业务部门的分工职责、各项收费的政策依据和收费入账环节、收费票据的使用种类及其管理方式；掌握被审计单位开展有关经营活动的范围和主要内容事项，检查有关对外投资、资产出租等活动情况。在此基础上，通过审阅、计算复核、比较分析、实地观察等方法，对被审计单位各项收入的发生及其记录进行一一审查，并注重做好其各项收入构成分析，查明其增减变化的原因。

1. 财政补助收入审计

通过检查全年财政核定的财政补助收入预算数，以及财政实际拨入经费数，查明单位财政补助收入核算是否及时、发生额是否准确、记录是否完整。

2. 预算外收入审计

一是要通过审查单位账项实际反映的各项预算外收入总额，并与单位各项收费政策中规定的各个收费项目依据、收费标准和事业发展规模计算出各项预算外收入应收数进行比较，从总体上，查明被审计单位是否做到应收尽收，是否存在将应收收入放在交费单位搞体外循环等问题。

二是要通过将部门单位收费项目、收费标准、收费依据、收费票据、收费许可证等政策文件资料，与实际收费收入行为一一对照检查，查明单位是否存在乱收费、乱集资、乱摊派行为，查明是否存在超范围、超标准收费。

三是要通过审查单位各种收费票据实际收取的收入与入账数额进行比较，查明是否存在收入不入账、私设"小金库"行为；查明是否存在将收入款项放入暂存往来款中核算，隐瞒收入逃避监督行为等问题。

3.上级补助收入和附属单位缴款的审计

应通过审查有关部门年度核定的缴款预算数，以及有关银行存款、现金、往来款项发生额，查明其核算是否准确，是否将上级补助收入和附属单位缴款放在往来款中核算；查明有关附属单位缴款预算未能实现的原因；查明上级部门是否按规定足额将应返还收入补助给本单位。

4.其他收入审计

应通过对部门单位资产的检查，查明是否存在非经营性资产转为经营性资产的情况，查明"非转经"收入是否全部入账；通过对部门单位对外投资、技术转让及相关支出审查分析，查明单位相关投资收益、技术转让费是否足额收取入账；通过对单位银行存款情况的审查，查明有关利息收入是否足额入账；通过对部门单位所实行的职能检查，查明其是否取得相应的服务费收入、劳务报酬或手续、业务费收入，是否及时足额入账；通过对部门单位到审计中心领取资金数额和实际单位资金使用数额，以及时间发生的次序分析比较检查，判断分析其是否存在账外机动资金收入等问题。

（二）支出审计

确定各项支出发生的真实性、内容的合规性、记录的完整性、使用的效益性。首先应从总体上掌握被审计单位支出的规模和结构，运用分析性复核方法，比较分析各项支出增减变化情况和预算执行情况，剖析原因。在此基础上，依据项目的重要性水平和风险评估，明确支出审计的重点，采取顺查与逆查、详查与抽查及账实相互核对的方法步骤，对支出进行审计，并加强对被审单位支出的结构分析和效益评估。

1.人员经费支出审计

通过对照财政部门审核下达的部门预算，对照单位实有人员及其工资实际发放标准等资料，对照有关财经制度，运用逆查、抽查等方法，采取审查支出明细账及抽查核对相关审计凭证资料的步骤，解决以下问题：

（1）重点查明各项人员工资津贴支出是否真实、准确。

（2）查明各项奖金福利支出是否按规定标准计提和发放，是否存在少计、漏计个人所得税问题。

（3）通过单位账项各项人员经费实际支出数与上报财政部门核定的预算数进行比较，查明单位是否存在虚报人数、提高工资津贴基数标准等情况。

（4）对单位借用的临时人员，以及在岗不在位人员、停薪留职人员等开支的人员经费支出，也要认真地审查，查明是否真实，是否合理、合规。

2. 正常公用支出审计

（1）通过比较分析单位正常公用支出各个项目增减变化情况，查明其影响支出增减变化的因素。

（2）通过审查各项支出总账、明细账和原始凭证，检查有关支出结报手续是否完备，查明支出账账、账证是否相符，是否存在乱支、滥用行为等。

（3）通过抽查单位结报的大额购置费、修缮费、办公费、会议费等费用，并与报账相关的实物资产、相关的会议记录或会办纪要、相关的修缮工程和施工单位等事项进行验证核对，查明其列报的相关支出是否属实，是否存在相关资产未登记入账等问题。

3. 经营支出审计

对经营有关项目而又未实行独立核算的单位，其经营支出的审计，应着重审查收入费用是否合理、支出范围是否恰当、支出费用是否合规，查明经营支出与事业支出划分是否恰当。

4. 专项项目支出审计

通过审阅有关年度本级财政批复的专项支出预算、年度内财政部门或上级主管部门追加的专项补助批复内容，以及专项项目立项建设批准文书、可行性研究报告和相关财务账据资料，采取财务审计与工程项目建设审计相结合的方法进行审计。一是审查各项专项支出是否坚持专款专用；二是审查有关专项项目支出使用效果情况，搞好问效跟踪。

5. 附属单位补助和上缴上级支出的审计

通过审阅年度部门预算及有关政策文件依据，包括上下级单位之间结算的票据，一是审查被审单位对附属单位补助支出是否按预算执行；二是审查上缴上级支出是否按有关文件规定执行。

四、内部控制制度的审计内容、步骤和方法

（一）内部审计控制监督制度健全情况审计

应根据《中华人民共和国审计法》《审计基础工作规范》《内部审计控制规范》的规定要求，采取询问、审阅、测试等方法步骤，对被审单位内部审计制度的健全性、有效性目标进行审计。

（1）检查单位是否建立了内部审计管理体系和审计人员岗位责任制。

（2）检查单位是否建立了内部审计或内部稽查制度。

（3）检查单位是否建立了内部牵制制度。

（4）检查单位是否建立了财务审批制度。

（5）检查单位是否建立了规范的审计账务处理程序及其内部结算管理制度。

（6）检查单位是否建立了定额管理制度，制订相应的增收节支管理办法。

（7）检查单位是否建立了财产清查制度。

（二）审计中心管理有效性的审计监督

（1）要检查审计中心是否按照《中华人民共和国审计法》及《审计基础工作规范》等有关审计核算管理制度要求，及时、真实、准确、完整地做好统管部门单位的审计核算，严格把好核算关。

（2）要检查审计中心是否严格执行各项财经管理制度，真正把好关。

（3）要检查审计中心内部控制制度建设及执行情况，确保部门单位资金在审计中心运行安全、完整。

第四节　采购和招标监督控制

招标采购是一种有序的市场竞争交易方式，也是规范选择交易主体、订立交易合同的法律程序。招标采购是建立在国家相关法律基础上，基于投标人诚信进行的一种先期比较和评价。由于受到客观和人为因素的影响，招标采购在实施过程中存在很多风险。如何识别招标过程中的风险并加以防范是极其重要的。只有做好充足的准备，设计有效的应对策略，才能将招标过程中的风险降到最低，才能为招标人争取到最大的利益和保障。

一、招标采购的概念

招标采购是指招标人通过公开的方式提出交易条件，并由投标人响应该条件而达成工程、货物或服务采购的行为。招标采购是政府或企业采购的基本方式之一，具有规范的组织性、公平性和公开性，凡是符合规定要求的投标人均有权参加。招标采购按交易过程，可划分为招标和投标两个基本环节。一个完整的招标采购过程包括策划、招标、投标、开标、评标、定标、签定合同七个阶段。招标采购的优点在于可以有效地实现物有所值，促进公平竞争，促进投标人产品质量、管理水平提升等；缺点和不足在于程序和手续复杂，招标文件编制必须严谨，若考虑不周就会带有很多隐患。

二、招标采购的风险

招标采购由于受到客观和人为因素的影响，在实施过程中存在很多风险。招标采购风险是指招标采购过程中各种意外情况，导致实际结果与预期目标出现偏离的程度和可能性。风险可分为内部风险和外部风险：内部风险包括招标人风险；外部风险包括投标人风险和市场供需风险。招标人风险主要指决策风险、招标过程组织风险、人员道德风险、合同风险等。投标人风险主要指投标人为自身利益可能采取的对招标人不利的行为导致的风险，主要包括产品价格欺诈、质量缺陷、延期交货、服务承诺违约等。市场风险主要指采购市场由于供求关系失衡导致的价格波动、质量差异、实力强弱等因素所产生的风险。

招标采购是一个招标人与投标人、投标人与投标人之间博弈的过程。招标人与投标人之间的博弈，始终存在信息不对称的问题。对于招标人来说，由于对投标人信息掌握不全面，招标采购的主要风险来自投标人行为。因此，投标人风险是招标采购中最应关注的风险。

三、招标采购风险的管理策略

招标采购风险控制属于事前防控，为了避免风险的发生，可以通过加强项目招标管理、健全监督机制的办法全面系统解决。

（一）招标管理

招标管理，就是为了规范地实施招标采购，通过分析和掌握招标项目的技术特点、经济特点、管理特征，以及招标项目的功能、规模、质量、价格、进度、服务等需求目标，依据有关法律法规、技术标准和规范，科学、合理地设定、安排项目招标实施的条件、范围、目标、方式、计划、措施等方面的工作。招标管理的主要目的，就是控制和处置风险，防止和减少招标人损失。招标管理目标和措施包括以下几方面：

（1）价格控制重点在于把握合理低价原则。对应的措施有：确保招标项目的充分竞争，使招标人与投标人之间的博弈转换为投标人之间的博弈；确保价格竞争的合理性，避免落入价格陷阱，实现合理低价（成本＋合理利润）中标目的。

（2）质量控制重点在于把握明确采购需求，明晰技术和服务具体要求；合同完善无歧义；中标、合同、结算价格基本一致等。对应的措施有：准确定义采购需求；确保招标文件内容完整、严谨；严格执行法定程序；充分调研市场信息；采用事前预测、事中检查纠正、事后总结评价等方法。

（3）进度控制重点在于实现招标工作时限和项目整体进度要平衡。对应的措施有：掌握项目总体进度对招标采购项目计划时间的要求；有效计划项目部分的时间顺序和衔接；对关键环节定点检查。

（4）费用控制在于在满足质量、进度要求的前提下，使采购成本和费用最低。对应的措施有：严格遵守费用管理制度、标准及审核、审批程序；厉行节约，减少不必要的费用支出；合理安排人力资源等。招标管理的落脚点，就是根据项目特性和需求，细化招标采购各环节的控制，制订有效的招标方案并严格执行。招标采购按项目类型主要分为工程建设项目招标采购、货物招标采购、服务招标采购三种。各类型项目的特征和需求不尽相同，因此招标方案应根据项目类型，贴近项目需求编制。

（二）常用的风险防控策略

常用的风险防控策略包括风险规避、风险控制、风险转移等。对于招标人风险的防控，主要采用风险控制手段，诸如加强内部管理、制订完善的招标文件和招标程序、提高招标人员的道德和职业水平等。对于市场风险的防控，主要采取风险规避手段，诸如做好市场调研、选择合适的招标形式、建立价格信息档案等。对于投标人风险的防控，主要采取风险控制和风险转移手段。风险控制手段包括采用严格资格预审策略和招标策略，完善项目招标采购合同管理，确保合同条款清晰、明确双方责任等。风险转移手段包括收取保证金、购买保险或要求提供担保等。

除以上风险外，在招标中还应防范投标人对招标文件、招标过程、中标结果等环节提出异议而导致的投诉风险。招标人可以从以下几方面预防投诉的发生：

1.招标文件应充分体现公平、公正原则

其具体做法为：确定的投标人资格条件应该合理、适当，在满足项目要求的前提下，资格条件的设置应尽量使足够数量的投标人参与投标；招标文件不能出现与国家法律、法规相冲突的规定；招标文件不能出现专有技术、专利产品等倾向性内容或明显有利于个别人的技术规格；招标文件应有明确判定废标或无效投标的标准；评标办法应对各项评审因素做出量化，评审因素不得具有不合理的倾向性。

2.选择适当的招标组织形式

若招标人具有编制招标文件和组织评标的能力，在向有关行政监督部门备案后，则可自行组织招标。但鉴于招标是一项专业性非常强的技术工作，为了减少招投标争议的发生，建议招标人委托精通招投标法规、具备招标经验、熟悉项目特性的专业招标代理机构执行招标采购。

3.招标过程中应注意的事项

招标人或招标代理机构应按照相关法律、法规的规定实施招投标的各个程序和环节，公平对待所有投标人，避免出现因招标程序不当造成对投标人利益的损害。评标专家必须严格按照招标文件的评标办法进行评审。

4.评标结束后的注意事项

评标结束后，招标人必须依法确定中标人；在规定时限内退还投标人的保证金；及时依据招标文件和中标人的投标文件订立书面合同，不得要求和允许中标人对投标内容做实质变更，不得订立背离合同实质性内容的其他协议。

综上所述，招标采购的风险控制和管理，是一个招标项目成败的关键。对招标采购中的风险进行简要的分析和研究，提出控制和管理的建议，能够避免给招标人带来不必要的损失，从而帮助招标人更好地发展。

第五节　经济法律文书监督

经济合同是高校使用最广的经济法律文书，涉及经济技术合作、投资、贷款、联合办学、资产出租和转让、承包经营、用水用电、物资采购、工程项目承建、物业管理等。总的来讲，合同可以分为收入类经济合同和支付类经济合同两大类。收入类经济合同包括经济合作合同、联合办学合同、资产出租合同等。这类合同可以收取合作费、学费、租金等收入或收益。收入类经济合同是合同管理和监督的重点。支付类经济合同包括物资采购合同、工程出包合同、用水用电合同、物业管理合同等。这类合同需要支付货款、承包工程款、水电费、物业管理费等。支付类经济合同一般是通过政府采购或工程招标程序签订的，通常在采购或工程招标环节进行管理和监督。

一、经济合同签订程序监督

经济合同签订程序监督包括对合同起草主体、合同审批、合同用章等方面的监督。

（一）经济合同起草主体监督

高校对外经济合同应以法人的身份起草和签订，而内部二级学院、部门等可以用学校的名义起草合同；非学校内部组织及个人不得以学校的名义起草合同。内部审计主要监督合同起草单位的资格是否符合要求，能否用学校法人的名义签订合同。

（二）经济合同审批监督

一般性经济合同起草完毕后，应经过授权审批系统由审批人或授权审批人进行审批；重大的经济合同应通过相关领域专业人员讨论，并经过法律顾问审核后，提交管理层决策指挥系统决策审批。内部审计主要监督审批程序是否符合规定，有无遗漏审批的内容。

（三）经济合同用章监督

高校经济合同除统一使用法人名义签订外，还应该统一使用学校的合同专用章。内部审计主要监督每项经济合同是否全部统一使用学校的合同专用章，有无为规避审批以学院或部门公章代替学校合同专用章的现象。

二、经济合同条款监督

经济合同条款监督主要是监督条款的合法性、合理性。

（一）条款的合法性监督

经济合同应符合《中华人民共和国合同法》的规定。内部审计监督首先应审核合同条款内容是否符合法律规定，有无与法律规定冲突的条款。

（二）条款的合理性监督

经济合同条款内容应该符合正常的逻辑思维，具有合理性。内部审计应该审查合同中是否存在损害学校利益的异常条款或内容，如果存在异常条款，应进一步审查原因及可能存在的问题。

三、经济合同备案及履行监督

经济合同备案管理与履约密切相关。合同管理规范，才能保障按期履约。

（一）合同备案监督

高校经济合同应由学校档案管理部门统一归档管理，同时送财务部门履约备案一份、送审计部门监督备案一份。内部审计应监督经济合同是否由档案管理部门统一归档管理，是否报送财务部门和审计部门备案。

（二）合同履行监督

经济合同的履行由财务部门进行审核和督促。内部审计应监督以下事项：支出类合同履约付款是否经过财务部门的审核，是否按照合同条款审核付款；收入类合同的收入款项是否按期到账，财务部门是否督促对方及时履行合同，是否存在已到期但未收到的合同应收款。

四、公证机关依法监督经济合同

公证机关对经济合同实行法律监督，主要是对当事人申请办理公证的经济合同是否具有合法性和真实性进行审查，并通过回访活动，检查、督促当事人切实履行合同义务。

公证机关要审查经济合同的合法性。所谓经济合同的合法性，是指经济合同的内容、形式和签约的程序，都要遵守国家的法律，符合国家政策和计划的要求。这就是说，公证机关要着重审查当事人双方所签订的经济合同是否符合订立经济合同的几项基本原则。基本原则如下：

（一）平等互利、协商一致的原则

订立经济合同的任何一方不得把自己的意志强加给对方，任何单位和个人不得非法干预。采取欺诈、胁迫等手段所签订的合同无效。经济合同的变更和解除，也必须贯彻协商一致的原则。当事人一方要求变更或解除经济合同时，应及时通知对方，协议未达成前，原经济合同仍然有效，以保护当事人的合法权益，并有利于维护社会经济秩序的稳定。

（二）诺成、双务、等价有偿原则

中国的经济合同属于诺成、双务、有偿的合同，这同民法上的一般合同制度有显著区别。例如，民法上的借贷合同、运输合同、保管合同都是实践（要物）合同，提供借款、交接货物等是合同成立的要件，而不是合同义务。中国经济合同中的借款合同、货物运输合同和仓储保管合同则为诺成合同，即在双方取得意思表示的一致时，合同即告成立，凡提供贷款、车船、仓库、货物等，都构成合同义务，违反时须偿付违约金。

（四）实行过错责任的原则

在经济合同不履行或者不能完全履行时，如出于当事人一方的过错，由有过错的一方承担违约责任；由于双方的过错，根据实际情况由双方分别承担各自应负的违约责任；由于上级领导机关或业务主管机关的过错，则由上级领导机关或业务主管机关承担违约责任，从而使权、责结合，尊重合同的法律约束力，以利于促进合同的履行。

《中华人民共和国经济合同法》中规定的原则，不仅是订立、履行、变更或解除经济合同所应遵循的原则，也是业务主管部门、工商行政管理部门和司法部门维护合同纪律、正确处理经济合同纠纷所应遵循的原则。

公证机关要审查经济合同的真实性。所谓经济合同的真实性，是指双方当事人依法订立的经济合同要符合自己的实际情况，必须具有法定的权利能力与完全的行为能力，能全面地、实际地履行合同义务。

公证机关要通过回访，检查、督促当事人认真履行合同义务。这里所说的回访工作，是指公证机关在当事人履行合同的过程中，深入调查了解当事人履行合同的能力和情况，并督促当事人全面履行合同义务，以便及时掌握阻碍合同履行的新情况，针对履行中出现的问题依法解决。

公证机关还可以依据公证文书的法律作用，实行对经济合同的法律监督职能。按照《中华人民共和国民事诉讼法》中的有关规定，经济合同公证文书在法庭上可作为特定的书证。审判人员认为无疑义时，可以直接采证，即不需要再做调查，就可以作为判决的可靠证据，从而使经济合同纠纷得到迅速而正确地解决。此外，公证文书还具有强制违约方履行债务的证明作用。例如，当事人一方履行部分义务或不能完全履行合同义务时，就应按合同规定向另一方给付违约金，如果因此而造成另一方损失的，还应按规定负责赔偿损失。如果另一方对此没有争议，而债务人有给付能力却又不按规定给付违约金和赔偿金时，公证机关就可以根据债权人的请求做出准许强制执行的证明。债权人即可凭此证明，不经过诉讼程序直接向有管辖权的基层人民法院申请执行。

综上所述，公证机关办理经济合同公证，是国家运用法律手段管理经济的一种有效措施。它对于明确经济合同当事人之间的责、权、利关系，促使当事人依法订立、切实履行合同，保护国家利益、社会公共利益和当事人的合法权益，预防纠纷减少诉讼，修补经济领域内违法犯罪活动的漏洞，维护社会经济秩序，加速我国社会主义现代化建设事业的顺利进行，具有重要意义。

参考文献

[1] 乔春华. 院校理财学 [M]. 北京：中国财政经济出版社，1998.

[2] 国际内部审计协会. 内部审计实务标准 [M]. 北京：中国财政经济出版社，2001.

[3] 杨周复，施建军. 大学财务综合评价研究 [M]. 北京：中国人民大学出版社，2002.

[4] 劳伦斯·索耶. 索耶内部审计：现代内部审计实务 [M]. 北京：中国财政经济出版社，2005.

[5] 中国内部审计协会. 中国内部审计规定与中国内部审计基本准则：原文与释义 [M]. 北京：中国石化出版社，2005.

[6] 李三喜，王建雪，盖兆举. 财务审计精要与案例分析 [M]. 北京：中国市场出版社，2006.

[7] 中国注册会计师协会. 财务成本管理 [M]. 北京：经济科学出版社，2007.

[8] 王学龙，李培根. 审计学 [M]. 兰州：兰州大学出版社，2007.

[9] 乔春华. 大学经营的财务视角 [M]. 南京：南京大学出版社，2008.

[10] 李骏修，沈国强. 教育审计工作手册 [M]. 上海：上海社会科学院出版社，2009.

[11] 金云美. 高校财务管理与控制 [M]. 北京：中国经济出版社，2012.

[12] 王奇，冯晖. 高等教育绩效评价研究 [M]. 北京：高等教育出版社，2012.

[13] 陈明. 我国高校财务管理问题研究 [M]. 成都：西南交通大学出版社，2012.

[14] 陈剑. 公共财政管理改革下高校财务管理的实践与思考 [M]. 桂林：广西师范大学出版社，2013.

[15] 胡服. 中国高校财务管理探索 [M]. 昆明：云南人民出版社，2014.

[16] 尉桂华. 新形势下高校财务管理若干问题研究 [M]. 成都：西南交通大学出版社，2015.

[17] 徐大伟. 新制度经济学 [M]. 北京：清华大学出版社，2015.

[18] 杨松令. 基于校院两级的高校财务管理问题研究 [M]. 北京：中国经济出版社，2016.

[19] 周亚君，刘礼明. 高校财务管理案例剖析 [M]. 南京：南京师范大学出版社，

2016.

[20] 张曾莲.高校财务管理创新研究 [M].北京:经济管理出版社,2016.

[21] 李长山.现阶段我国高校财务管理的若干问题研究 [M].北京:北京理工大学出版社,2017.

[22] 李莉.高校内部审计思考:理论与实践研究 [M].长春:吉林大学出版社,2017.

[23] 孙杰.高校财务管理创新理念与关键问题探索 [M].长春:吉林大学出版社,2018.

[24] 徐峰.现代高校财务管理的实施与监督 [M].长春:东北师范大学出版社,2018.

[25] 陈健美.加强监督,提高效益:我国高校财务管理的改革与创新研究 [M].沈阳:沈阳出版社,2019.

[26] 陈思维,王会金,王晓震.经济效益审计 [M].北京:中国时代经济出版社,2002.

[27] 中华人民共和国审计署.中国财经审计法规公报 [M].北京:中国时代经济出版社,2003.

[28] 中国内部审计协会.内部审计实务标准 [M].北京:中国时代经济出版社,2004.

[29] 张红良.权力·责任·法律 [C]// 审计署审计科研所.审计工作与构建和谐社会论文集.北京:中国时代经济出版社,2006.

[30] 韦一滨.Y 高校财务管理信息化建设优化研究 [D].南宁:广西大学,2019.

[31] 吴向亭.新时期高等院校内部审计的职能和作用 [C]// 中华人民共和国教育部财务司.中国教育审计二十年.北京:中国人民大学出版社,2006.

[32] 武莹.高等院校财务管理存在的问题及完善 [D].成都:西南财经大学,2009.

[33] 李永和.新时期提升我国高校内部审计工作质量研究 [D].上海:华东政法大学,2010.

[34] 薛施贞.高校审计监督的实效性探讨 [D].济南:山东大学,2010.

[35] 王积慧.高校二级财务管理模式的研究与完善 [D].成都:西南财经大学,2010.

[36] 唐楚俊.高等院校内部审计问题研究 [D].天津:天津大学,2008.

[37] 祁顺生.以价值为基础的要素与企业——关于价值均衡的理论探讨 [J].经济研究,2001(2): 50-60.

[38] 白静榕.谈高校审计监督的必要性 [J].内蒙古民族大学学报 (社会科学版),2003(6):109-110.

[39] 贾发,炫世.提高高校财会人员的素质修养探讨 [J].山西大同大学学报 (社

会科学版), 2008(4): 109–110.

[40] 董虎 . 浅议科学理财观在高校财务管理工作中的实践指导 [J]. 教育财会研究 , 2008(5):14–16.

[41] 蔡卉翎 . 浅谈高校财务管理风险与内部审计监督 [J]. 商业文化 (学术版), 2009(1):45.

[42] 财政部教科文司 . 高校财务管理 : 国际比较与借鉴 [J]. 行政事业资产与财务 , 2009(1):56–61.

[43] 张建涛 , 韩英霞 , 陈宝农 . 论内部审计在高校财务管理中的作用 [J]. 当代经济 , 2009(9):110–111.

[44] 仇海红 . 我国高校内部审计现状分析 [J]. 财会通讯 , 2009(1):115–117.

[45] 潘银兰 . 新形势下高校内部审计转型的思路 [J]. 会计之友 , 2010(11):60–61.

[46] 郭阳 . 新形势下高校财务管理的目标 [J]. 现代经济信息 , 2013(5):147.

[47] 宗宇 . 高校财务实施战略管理的探讨 [J]. 财经界 (学术版), 2013(23):216.

[48] 宋莹 . 高校审计监督实效性研究 [J]. 中小企业管理与科技 (上旬刊), 2014(2):257–258.

[49] 傅扬 . 高校财务管理现状剖析与财务审计创新研究 [J]. 当代会计 , 2014(2):45–46.

[50] 吕佳 . 试析我国高校财务管理专业考试改革——基于德国大学考试方式的借鉴 [J]. 现代交际 , 2014(3):200–201.

[51] 曾洁容 . 高校内部审计的发展历程与趋势 [J]. 经济研究导刊 , 2014(15):152–153.

[52] 刘艳刚 . 提高高校财务管理实效性的途径探析 [J]. 财经界 (学术版), 2014(11):225.

[53] 王莹 . 高校财务管理引入现代企业财务管理手段探析 [J]. 财经界 (学术版), 2015(19):274.

[54] 张艳丽 . 借鉴国外高校财务管理模式加强我国高校财务管理 [J]. 中国管理信息化 , 2015(15)35–36.

[55] 安娜 . 浅谈高校审计监督的实效性思考 [J]. 中国乡镇企业会计 , 2016(2):154–155.

[56] 邢芳 . 浅议加强高校的财务审计监督工作 [J]. 现代营销 (下旬刊), 2017(1):78.

[57] 赵晓葵 . 增强应用型高校《财务管理》课程教学实效性的思考 [J]. 青海师范大学学报 (自然科学版), 2017, 33(1):79–83.

[58] 丁学而 . 高校财务管理与采购管理、资产管理的关系与协调研究 [J]. 中国乡

镇企业会计 , 2017(4):125–126.

[59] 梁释心 . 高校财务管理风险审计控制体系的构建 [J]. 现代经济信息 , 2017(13):194.

[60] 李瑄 . 我国高校资产管理及其绩效评价研究 [J]. 教育现代化 , 2017, 4(29):273–274.

[61] 白俊峰 , 闫文玲 , 赵晓明 , 等 . 我国高校国有资产管理绩效评价研究分析 [J]. 内蒙古科技与经济 , 2017(20):42–43+59.

[62] 吴小玲 . 高等院校内部审计问题与创新探讨 [J]. 管理观察 , 2018(4):152–153.

[63] 李小梅 . 国内外高校财务管理研究综述 [J]. 财会学习 , 2018(11): 24–30.

[64] 陈帅 . 新时代高校内部审计的创新与发展 [J]. 农村经济与科技 , 2019, 30(4):247–248.

[65] 黄若男 . 基于内部控制的高校内部审计工作改进研究 [J]. 中国乡镇企业会计 , 2019(5):212–213.

[66] 区煦桐 , 沈通 . 高校财务管理内部审计控制的初探 [J]. 财经界 (学术版), 2019(14):206.

[67] 朱宏亮 . 新政府会计制度下高校财务资产管理探讨 [J]. 现代经济信息 , 2019(16):214.

[68] 刘英姿 , 李春雷 . 美国高校财务管理模式的经验与启示 [J]. 中国高等教育 , 2019(17):62–64.

[69] 卢全 . 新时代高校财务工作人员应具备的职业素养 [J]. 中国集体经济 , 2019(26):158–159.

[70] 文锦欢 . 高校财务战略实施中存在的问题及对策 [J]. 中国乡镇企业会计 , 2019(10):112–113.

[71] 陈思灼 . 高校财务管理与审计监督机制创新分析 [J]. 商讯 , 2019(32):62.

[72] 郭景峥 . 高校财务管理引入现代财务管理手段研究 [J]. 纳税 , 2019, 13(35):112.

[73] 裴冬雪 , 王洋洋 , 李雪杨 . 新会计制度下高校财务管理模式探究 [J]. 科技经济导刊 , 2019, 27(36):228.

[74] 胡锋娟 . 大数据背景下高校财务管理信息化建设分析 [J]. 行政事业资产与财务 , 2020(2):113–114.

[75] 闻忠旗 . 高校财务管理的风险与对策 [J]. 管理观察 , 2020(3):179–180.

[76] 林世媛 . 基于高校财务管理制度创新的理性思考 [J]. 现代营销 (信息版), 2020(2):7–8.

[77] 叶宏 . 高校财务管理模式的创新与实践 [J]. 黑龙江科学 , 2020, 11(5):114–115.

[78] 赵娜 . "互联网 +" 高校财务管理与服务创新研究 [J]. 现代营销 (下旬刊), 2020(3):252–253.

[79] 刘丽琼 . 大数据时代高校管理会计研究 [J]. 商讯 , 2020(9):40+42.

[80] 陈燕玲 . 高校内部审计与纪检监察协同监督机制研究 [J]. 教育财会研究 , 2020, 31(2):86–90.

[81] 赵路 , 郭莉 . 高校内部审计对财务管理的促进作用探析 [J]. 商讯 , 2020(12):52–53.

[82] 谢金芝 . 高校资产管理问题及对策分析 [J]. 时代金融 , 2020(12):133+136.

[83] 周阳 . 高校财务管理发展方向探讨——以新高校会计制度为背景 [J]. 财会学习 , 2020(13):33–34.

[84] 刘德志 , 邵丽华 , 于跃 . 大数据与人工智能对高校财务管理的影响 [J]. 中国市场 , 2020(13):194+198.

[85] 陈飞琴 . 数字化时代高校财务管理信息化研究 [J]. 财会学习 , 2020(14):27+29.

[86] 阙文军 . 现代高校财务管理信息化建设研究 [J]. 大学教育 , 2020(6):186–188.

[87] 刘莉 . 数字化时代高校财务管理信息化探讨 [J]. 财经界 (学术版), 2020(10):123–124.

[88] 张学蓉 . 高校财务管理转型与智能化构建实践研究 [J]. 纳税 , 2020, 14(15):113+115.

[89] 于金红 , 臧东娥 . 试论舆论监督在高校财务管理中的作用 [J]. 黑河学院学报 , 2020, 11(5):42–43+111.

[90] 梁红梅 . 高校财务管理存在的问题及对策研究 [J]. 行政事业资产与财务 , 2020(10):89–90.

[91] 郭海阁 . 内部审计在高校财务管理中的作用分析 [J]. 财经界 , 2020(6):231–232.

[92] 贾芳 , 展晓琳 . 新时期高校财务管理的创新研究——以 S 高校为例 [J]. 知识经济 , 2020(16):36–37.

[93] 张璐 . 高校财务战略优化与实践 [J]. 合作经济与科技 , 2020(12):166–168.

[94] 蔡昭映 . 基于互联网背景下高校财务管理的创新研究 [J]. 财经界 (学术版), 2020(11):208–209.

[95] 李佳佳 . 大数据背景下高校提升财务管理能力的方法 [J]. 经营管理者 , 2020(6):78–79.

[96] 尹莲珍 . 大数据背景下高校财务管理信息化建设分析 [J]. 财会学习 ,

2020(17):82+84.

[97] 李绍君 . 高校财务管理信息化建设优化分析 [J]. 商讯 , 2020(18):46+48.

[98] 闫乃芳 . 高校财务管理存在的问题与完善措施 [J]. 财经界 , 2020(8):173–174.

[99] 武阳 . 审计监督推动高校内控制度体系构建 [J]. 财经界 , 2020(8):231–233.